GTB
Gütersloher Taschenbücher
938

Im Gedenken
an meinen Sohn Malte
*geboren am 21. April 1972 * gestorben am 12. September 1979*

Dieses Buch ist »meinen Lebenden« gewidmet;
meinen Kindern Marc, Marek und Mascha,
meinem Mann Rolf und meinen Eltern.

Mit Wertschätzung und Anteilnahme fühle ich mich den Müttern, Vätern und
Geschwistern verbunden, die mit dem Tod eines Kindes leben müssen.
In Dankbarkeit für die vielen Begegnungen und Berührungen mit ihnen spende
ich das Honorar für dieses Buch dem Hamburger Verein »Verwaiste Eltern«.

© Angela Wiese

Anja Wiese:
geboren 1948, ist hauptamtliche Trauerbegleiterin
bei »Verwaiste Eltern Hamburg e.V.« und Mitglied
im Leitungsteam des Instituts für Trauerarbeit an
der Ev. Akademie Hamburg. Zahlreiche Veröffent-
lichungen. Die Mutter von vier Kindern verlor
ihren zweiten Sohn im Alter von 7 Jahren durch
Leukämie.

Anja Wiese

Um Kinder trauern

Eltern und Geschwister begegnen dem Tod

Gütersloher Verlagshaus

Originalausgabe

Bibliografische Information Der Deutschen Bibliothek
Die Deutsche Bibliothek verzeichnet diese Publikation in der Deutschen
Nationalbibliografie; detaillierte bibliografische Daten sind im Internet
über http://dnb.ddb.de abrufbar.

ISBN 3-579-00938-9

2., aktualisierte Auflage, 2003
© Gütersloher Verlagshaus, Gütersloh 2001

Umschlaggestaltung: Init GmbH, Bielefeld unter Verwendung einer Zeich-
nung von Katharina Oberhollenzer.
Satz: Fotosetzerei Steggemann, Herford
Druck und Bindung: Elsnerdruck GmbH, Berlin

Printed in Germany

www.gtvh.de

Inhalt

Vorwort

Dieses Buch zeigt deutlich: Was die hier auf der Erde zurückgebliebenen Geschwister und Eltern tun, ist staunenswert und beeindruckend für jeden, der sich ihnen und ihren Erfahrungen aussetzt. Sie sind ja um ihre wichtigsten Ergänzer gebracht. Sie können sie nicht mehr berühren oder ihnen in die Augen schauen.

Anja Wiese hat den Mut gehabt, in jahrelanger intensiver Arbeit und mit einem überaus sensiblen Verständnis für die ihr begegnenden Trauernden eine Oase aufzubauen, die sich mit dem Namen der Segeberger und Hamburger Akademie verbunden hat. Sie ist die erste, die am Telefon der »Verwaisten Eltern« sitzt und die furchtbaren und unfasslichen Geschichten zu Ohren bekommt. Sie ist diejenige, die sich um eine Art erstes und zweites Netz bemüht, das auffängt und erst einmal weiterleben lässt. In diesem Buch gibt sie Auskunft, wie das geschieht.

Neu ist vor allem, dass hier erstmals die in Bad Segeberg entwickelten Rituale detailliert geschildert sind, die man »begehen« kann und die eine wunderbar reinigende Wirkung haben, wenn man so sagen darf. In diese Rituale ist Sorgfalt eingeflossen, das spürt man. Es gehört eine Haltung feinen Hinhörens und ein Wille zur Gestalt dazu, damit diese Rituale auch stimmig sind. Nirgends ist die Gefahr größer, durch falsche Töne, durch Kitsch oder Pathos den ohnehin schmalen Grad zwischen Verzweiflung und Klage zu verfehlen. Die Autorin kennt diese Gefahr genau.

Und – nicht zuletzt – in der Zusammenarbeit mit ihr und im Wahrnehmen ihrer Beobachtungen stellen sich religiöse Fragen der eigenen Tradition beklemmend neu. Denn »Gott« wird bei den meisten dieser Verletzten nicht als der »liebe« Gott und als gut erfahren. Eher ist er so etwas wie die Katastrophe, die in ein behütetes Leben eingebrochen ist. Es geht nicht darum, »ihn« zu verteidigen. Er muss aushalten, dass er ständig auf der Anklagebank sitzt. Aber – und das ist auch wahr – in gemeinsamer Klage und Anklage wenden sich die Verletzten einander zu.

Solche Situationen, wo sie einander das Unsagbare erzählen, sind die höchste und kostbarste Form, die sich erleben lässt. Und auch das könnte man eine Art »Gebet« nennen, wenn denn Gebet der seufzende Versuch ist, Worte für das Unsagbare zu finden, zu stammeln, zu weinen, zu schreien und zu flüstern.

Wolfgang Teichert

Wolfgang Teichert; geb. 1944; Direktor der Evangelischen Akademie Nordelbien Hamburg, Pastor, Journalist und Autor (Neuerscheinung: Wenn die Zwischenräume tanzen. Theologie des Bibliodramas, Kreuz Verlag); Leiter des Hamburger Instituts für Trauerarbeit (ITA) und Leitung der Segeberger Trauerseminare (zusammen mit Anja Wiese). Wolfgang Teichert ist verheiratet und Vater von zwei Töchtern; die Jüngere von ihnen, seine Tochter Frauke, starb durch einen häuslichen Unfall. Diese Erfahrung hat ihn berührbar werden lassen für Menschen und Themen, von denen dieses Buch handelt.

Einführung

Jeder trauernde Mensch
ist ein Held

Karfreitag 2001.
Nach Tagen mit düsteren Wolken, Sturm, Regen und Hagel
werde ich heute von Sonnenstrahlen geweckt. Ich wache mit
einem verheißungsvollen Gedanken auf: *Es ist ein Sterben ins
Licht*. Einfach so. Eine Weile noch hänge ich diesem Gedanken
nach und lasse neu in mir klingen, was immer mal wieder verloren geht, lasse die Hoffnung, dass der Tod nicht das Ende ist,
in mir wieder auferstehen... Ich erinnere mich an einen Karfreitag vor vielen, vielen Jahren:

Meine drei kleinen Söhne sitzen auf der Küchenbank, und
ich lese ihnen aus der Kinderbibel vor. Ich mag kaum weiter
lesen, weil ich spüre, wie nah sie mit ihren Gefühlen an dem
Geschehen sind und wie groß ihre Fähigkeit zum Mitfühlen
ist. Aber genau wie die »schönen Jesusgeschichten« wollen sie
auch die Schrecklichste hören. Und wir tun, was man eigentlich auch nur tun kann: wir weinen alle zusammen. Als der
letzte Seufzer verklungen ist, putzt sich mein kranker 6-jähri-
ger Malte die Nase und sagt: »Das ist das Allerallerschlimm-
ste, was Jesus durchmachen musste. Aber, Mama, gleich nach
Jesus komme ich...« Das war Karfreitag 1979 – daran denke
ich.

Und ich denke an *die* Kinder, die uns in diesem Buch begegnen: an die jungen Mädchen *Ariane* und *Nina,* an die ganz kleinen Menschen *Sebastian, Tim, Jonas* und *Lina* und an ihre Familien, die mit dem Tod dieser Kinder leben müssen. Zweifel
befallen mich, ob ich mit diesem Buch dem Fühlen und dem
Leiden, der Verzweiflung und der Trauer, der Suche und der
Neuorientierung im Zusammenhang mit dem Tod eines Kindes

überhaupt gerecht werden kann. Hin und wieder den richtigen Ton zu treffen, wäre schon viel ...

Ich kann nur berichten, was ich erlebe in der Beratung und Begleitung trauernder Menschen – vor dem Hintergrund der eigenen Verlusterfahrung. Ich erlebe, dass trauernde Mütter, Väter und Geschwister keine Ratschläge erwarten, keine vorschnellen Tröstungen, keine Antworten auf letzte Fragen – sondern das Aushalten ihrer Untröstlichkeit, das Aushalten ihrer Fragen. Dabei leitet mich immer wieder ein Satz von Franz Kafka: *Wer die Antwort nicht weiß, hat die Prüfung bestanden.* Was ich erlebe ist, dass Trauer nur durch trauern besser wird. Das heißt: Eltern und Geschwister benötigen einen Platz, einen Raum in unserer Gesellschaft, in dem sie *alle Gefühle* mitteilen, ausdrücken und leben dürfen. Wie wenig Möglichkeiten Trauernden in ihrem natürlichen Umfeld dazu geboten werden, machen die Beiträge der Mütter und Väter in diesem Buch deutlich. Beklemmend deutlich wird dieses Defizit in den Ausführungen von *Katharina Köster,* die als trauernde Schwester in ihren täglichen Lebensbezügen zur Schule kaum wahrgenommen wird.

Oft werde ich gefragt, wie ich *das* aushalte – immer mit *dieser* Trauer in Berührung zu sein ... Und in der Tat ist der Tod von Kindern eigentlich auch nicht auszuhalten. *Wenn man sieht, was Gott auf dieser Erde alles zulässt, hat man das Gefühl, dass er immer noch experimentiert. (Peter Ustinov).* Aber wir leben in dieser »vorläufigen Welt« – in der uns zumindest die Erfahrung bleibt, dass das Sich-Einlassen auf das Todesthema eine zutiefst lebensbejahende Beschäftigung ist. In dem Maße, in dem wir uns mit dem Tod im Allgemeinen, mit der eigenen Endlichkeit und mit dem Tod von Kindern im Besonderen auseinander setzen, genau in dem Maße – in *der* Intensität – sind wir lebendig!

Die Erfahrung in der Begleitung Trauernder hat gezeigt, dass im Erzählen selbst heilende Kraft liegt. Wenn wir Trauernden gestatten, wieder und wieder das eigentlich Unsagbare in Worte zu fassen, geduldig und anteilnehmend an ihrer Seite bleiben,

dann dürfen wir – reich beschenkt – teil haben an beeindruk-
kenden Entwicklungsprozessen, die mich persönlich immer wieder mit Staunen, Demut und tiefstem Respekt erfüllen angesichts
der Lebensleistung, die die Konfrontation und Auseinandersetzung mit dem Tod eines Kindes jedem Einzelnen abverlangt. In
einem ganz altmodischen Sinn denke ich oft, dass Trauernde
Helden sind – »tapfere Kämpfer« steht dazu im Wörterbuch.
Und in Anlehnung an Gedanken von Antje Uffmann, Autorin
des Buches »Trauern und leben. Begleitung durch die Land-
schaften der Trauer«, entsteht dieser Text:

> *Jeder Trauernde ist ein Held,*
> *dem unsäglich viel zugemutet wird:*
> *in einer total veränderten Innen- und Außenwelt*
> *muss er Übermenschliches leisten.*
> *Die Zeit der Trauer ist mehr als ein Aufenthalt in einem*
> *fremden Land – sie ist eine Reise in eine fremde Welt,*
> *und der Trauernde lernt kennen,*
> *dass Sprache von der Erlebniswelt des Fühlens*
> *weit entfernt ist!*
> *Sich mit dieser fremden Welt – innen und außen –*
> *vertraut zu machen, ist der Trauerprozess.*
> *Wenn der trauernde Mensch sich den Gefahren dieser*
> *Reise aussetzt und seinen Weg durch das Unbekannte*
> *findet, kehrt er verwandelt zurück.*

Die Leserinnen und Leser dieses Buches werden mitgenommen
auf eine Reise in die fremde Welt der Trauernden. Dass sie sich
dieser Gefahr aussetzen, ist tapfer.

Anja Wiese
E-mail: info@verwaiste-eltern.de

Vom Leben Gezeichnete zeichnen anders

Anja Wiese

Eine Feststellung von einer Frau, die wusste, was sie sagte: *Käthe Kollwitz* – eine Künstlerin, die für die Aussage dessen, was in ihr nach Ausdruck verlangte, das Sich-Auszeichnen wählte. In zahlreichen Skizzen und Bildern hat sie festgehalten, wie Erfahrungen mit Leid, Sterben, Tod und Trauer aussehen. Besonders eindringlich – nach dem Tod ihres Sohnes – die Zeichnung »Trauernde Eltern« – ein Abbild dessen, was Mütter und Väter nach dem Tod eines Kindes erleben. Viele Jahre lang ist dieses Bild auch für mich nach dem Tod meines Sohnes Malte ein »innerer Begleiter« gewesen – so wie für ungezählte andere Mütter und Väter.

Zeichnungen und Bilder fordern dazu heraus, einen Dialog auf der nonverbalen Ebene zu führen; einen Dialog in der Seelentiefe. Sterbenskranke Kinder ermutigen uns durch ihre Zeichnungen, ihr Todesthema aufzunehmen und über ihre Bilder einen Dialog mit ihnen zu beginnen, mit ihrem unbewussten Wissen um den nahe stehenden Tod Kontakt aufzunehmen.

Malte hat seinen Geschwistern, meinem Mann und mir viele Zeichnungen hinterlassen, die uns zu einem kostbaren Vermächtnis geworden sind. Fast immer hat er – unbewusst – biblische Themen aufgenommen: Ein Kreuz, das perspektivisch mit je 7 Seiten gezeichnet ist. Das Kreuz wird von einer Sonne mit 7 Strahlen gewärmt. Malte starb im Alter von 7 Jahren. Ein »himmlisches Wolkenbild«, auf dem alle Familienmitglieder zu sehen sind, kommentierte er so: *Ihr werdet euch wundern, was ich im Himmel alles für euch vorbereite. Da ist Platz für alle. Auch für Papas Volvo.* Spontan brachte ich seine Äußerung mit dem Bibelwort aus dem Johannes-Evangelium in Verbindung: *Im Hause meines Vaters sind viele Wohnungen.*

Immer wieder habe ich erlebt, dass sich Kinder – lebende und sterbende – in direktem Kontakt »zur anderen, jenseitigen Welt« befinden. Mehr noch als für Erwachsene gilt für sie, was *Wolfgang Teichert* (Leiter des Instituts für Trauerarbeit in der Evangelischen Akademie Hamburg) einmal so formulierte: *Zwischen Tod und Leben gibt es eine schmerzliche Lücke, aber keine eiserne Tür, die nur in eine Richtung zu durchschreiten wäre. Beide Welten sind durchlässig.*

Kinder – besonders sterbende – leben diese Durchlässigkeit. Wenn wir Erwachsene sie begleiten – mit der gleichen tiefen Ernsthaftigkeit und dem immer neuen Staunen, zu dem Kinder fähig sind, im Leben und im Sterben – dann dürfen wir mit ihnen zu »Wanderern zwischen den Welten« werden, reich beschenkt an Erfahrungen von Durchlässigkeit, von Transparenz und bereichert durch Sinnbilder für Transformation. Das Wort *Sinn* bedeutet im Althochdeutschen »Reise und Weg«. Wenn wir also Kinder als unsere Lehrmeister annehmen und der Sprache ihrer Bilder folgen, in ihren gezeichneten Sinnbildern zu lesen versuchen, dann dürfen wir häufig erfahren, dass sie uns von ihrem Weg, von ihrer bevorstehenden Reise erzählen. In vielen Büchern, die zum Teil am Ende dieses Buches aufgeführt sind, finden sich bewegende Beispiele dafür.

Ein immer wiederkehrendes Sinnbild in den Zeichnungen von Kindern ist der Schmetterling. In der Verwandlung des Insekts vom Ei über die Raupe und die in der Todesstarre verhaftete Puppe zum strahlend bunten, dem Sonnenlicht zugewandten Schmetterling hat man seit jeher eine tiefe Symbolbedeutung gesehen. Wer den christlichen Glauben von der Auferstehung bejaht, der sieht in diesem Verwandlungsprozess Parallelen zum menschlichen Leben. Durch das Sterben wird das irdische Leben beendet. In dieser Durchgangsphase trennt sich der Mensch von seiner biologischen Hülle, um als neuer Mensch aufzuerstehen und neu zu leben.

> *Der Tod ist ganz einfach das Heraustreten*
> *aus dem physischen Körper, und zwar in*
> *gleicher Weise, wie ein Schmetterling*
> *aus seinem Kokon heraustritt.*
>
> *Elisabeth Kübler-Ross*

Kinder sind in Kontakt mit ihrer Seelentiefe, aus der das unbewusste Wissen durch ihre Bilder an die sichtbare Oberfläche gebracht wird. *Sie geben uns Zeichen durch ihre Zeichnungen* und lassen uns teilhaben an einer göttlichen, an einer spirituellen Dimension von einem unzerstörbaren Wesenskern in einem jeden Menschen. Mit diesen Kindern dürfen wir hoffen, dass auch im qualvollsten Sterben etwas von uns heil (heil–ig) und unversehrt bleibt.

> *Nie haben die Menschen früherer Zeiten*
> *daran Zweifel gehabt,*
> *dass die Seele Identität mit sich bewahren könne,*
> *innerhalb und außerhalb des Leibes.*
> *Aber für uns sind es neue Fragen und besonders verdächtig,*
> *weil es so einfache Fragen sind. Denn das Einfache*
> *ist für modernes Denken das Schwerste.*
>
> *Johann Christoph Hampe*

Der Schmetterling symbolisiert das Unzerstörbare, die Unsterblichkeit der Seele. Aus gutem Grunde also werden Schmetterlingsbilder verstorbener Kinder von den Eltern als Hoffnungzeichen gesehen und bewahrt.

Den wunderschönen Schmetterling, der auf dem Cover dieses Buches abgebildet ist, hat *Katharina Oberhollenzer* aus Südtirol gemalt. Seit vielen Jahren begleiten uns ihre besonderen Zeichnungen in den Segeberger Trauerseminaren. Katharina hat ihrer Familie einen Reichtum an Sinnbildern hinterlassen und bei allen Menschen, die in den Kontakt mit ihren Zeichnungen gekommen sind, tiefe Spuren hinterlassen.

Gabriele Richter schreibt in ihrem Beitrag einige Male von ihrer Überzeugung, dass ihr bestimmte Zeichen nicht zufällig zukommen. Ich teile ihre Meinung. Alle Beiträge für dieses Buch sind unabhängig voneinander geschrieben worden. Gabriele Richter wusste *nicht* von der Entscheidung, Katharinas Schmetterlingszeichnung für das Titelbild dieses Buches zu nehmen. Und ich wusste *nicht,* dass sie über den nachhaltigen Eindruck schreiben würde, den das Bild von Katharina »Der liebe Gott verzeiht jedem« in ihr hinterlassen hatte. Respekt vor dem Unbewussten! Es hat das eigentliche Thema dieses Buches bestimmt. Umso mehr, als uns in dem Beitrag von *Gert Richter* die Schmetterlinge begegnen – und mit jedem einzelnen seine verstorbene Tochter Nina. Auch Gert Richter wusste nicht von Katharinas Schmetterlingsbild.

Ich erinnere mich an eine trauernde Mutter. Sie erzählte von der Trauerfeier für ihre verstorbene Tochter, und dass über dem Sarg in der Kirche ein Schmetterling seine Kreise zog – während der gesamten Zeit der Trauerfeier. Als der Sarg hinausgetragen wurde, folgte er dem Weg, er blieb über dem Sarg – schwebend begleitete er ihr totes Kind. Der Schmetterling ist zum Symbol des Trostes für diese Mutter geworden.

Katharinas Schmetterling hat seinen Platz nicht nur in den Herzen ihrer Eltern. Zusammen mit weiteren Zeichnungen und Fotos von ihr ist er abgebildet in einem besonderen kleinen Buch, das die Eltern nach ihrem Tod im Gedenken an ihre Tochter erstellt haben.

Im Alter von 10 Jahren wurde Katharina gemeinsam mit ihrer Freundin auf dem Bürgersteig von einem betrunkenen Autofahrer getötet. Obwohl sie nicht durch eine Krankheit »auf ihren Tod hinlebte« wie *die* Kinder, die uns in ihrem Reifungsprozess Bilder voller Weisheit hinterlassen haben, finden wir auch bei ihr Zeichen eines tiefen vorausahnenden Wissens. Ebenso wie bei einem 7-jährigen Jungen, der kurz vor seinem plötzlichen Tod in einer Zeichnung die vorausgesehene Todesursache dokumentierte: ein Lastwagen, von dem er überfahren wurde, ein Krankenwagen und ein kleines Kind, das an einer Wolke gen Himmel fliegt...

Gerade halte ich inne beim Schreiben auf der Terrasse, schaue in den Himmel und bedenke – ein wenig verwundert – dass heute Himmelfahrtstag ist! Ausgerechnet heute schreibe ich über Maltes Vorstellung vom Himmel und über den kleinen Jungen, der in den Himmel aufsteigt...

Zufälle, die uns zu–fallen? Oder Zeichen, die Himmel und Erde miteinander verbinden – Zeichen von Durchlässigkeit...

Ist vielleicht die Geburt hier ein Tod in der anderen Welt – und der Tod hier eine Geburt dort?

Mir fällt die kleine Geschichte ein »Nimm es, wie es ist«.

Eine stachelige Raupe sprach zu sich selbst:

Was man ist, das ist man. Man muss sich annehmen, wie man ist – mit Haut und Haaren. Was zählt, ist das Faktische. Alles andere sind Träume. Meine Lebenserfahrung lässt keinen anderen Schluss zu: Niemand kann aus seiner Haut. Als die Raupe dies gesagt hatte, flog neben ihr ein Schmetterling auf. Es war, als ob Gott gelächelt hätte...

Wie gut, dass wir die Träume haben. Die Welt des Faktischen ist doch sehr reduziert!

Die bleibenden intimen Ergänzer

Anja Wiese

Unser Kind ist tot! Und dieses Kind hat einen Namen, es hat eine Persönlichkeit, hat »sein Leben vor sich«, hat Hoffnungen und Träume, einen Platz in der Familie, einen Platz im Lebensentwurf seiner Eltern ...

Maltes Eltern sind glücklich, gefordert und liebevoll beschäftigt mit ihren drei Söhnen – sie sind dankbar, dass sie eine fröhliche Familie bilden, mit allen Freuden und Konflikten, mit allen Fähigkeiten und Begrenzungen. Im Herzen bewegen sie den Wunsch und sprechen ihre Hoffnung aus, dass sich zu den Brüdern noch eine Schwester anmelden möge.

Kurz vor Antritt des Sommerurlaubs kränkelt Malte, er wird dem Kinderarzt vorgestellt, und noch am selben Tag erhalten die Eltern die Diagnose: der fünfjährige Junge hat Leukämie.

Der Familie wird der »Boden unter den Füßen weggerissen«, eine Zeit des Hoffens und Bangens beginnt, eine Zeit der Auseinandersetzung mit den Möglichkeiten und Chancen der Behandlung – aber auch mit der Frage und der Suche nach dem Sinn des Lebens, mit der Auseinandersetzung aller ambivalenten Gefühle. Mit Unterstützung der Großeltern, Freunde und Nachbarn können sie sich behutsam und – natürlich – unter großen seelischen Schmerzen auch mit dem möglichen Tod von Malte auseinandersetzen.

Als Zeichen ihrer Lebensbejahung – trotz der existenziellen Krise, die sie durchleiden müssen – und als Zeichen dafür, dass Leben und Tod – Anfang und Ende – Freude und Leid nebeneinander Raum und Platz finden können, erleben sie die vierte Schwangerschaft in der Familie.

Malte stirbt zweieinhalb Jahre nach der Diagnosestellung in den Armen der Mutter, drei Tage vor seinem Tod wird die Tochter Mascha geboren.

Ein langer Weg der Trauer beginnt. Hilfreich auf diesem Weg ist für die Familie,

- dass Freunde und Nachbarn ihre Trauer, Klage und Ohnmacht, ihre Tränen und Verzweiflung aushalten, ohne vorschnell zu trösten;
- dass sie Eltern und Geschwister dort begleiten, wo sie gerade in ihrer Trauer stehen, ohne ihnen vorauszueilen (»... nun müsst ihr aber allmählich ...«);
- dass sie gemeinsames Schweigen zulassen können, ohne diese tiefe Dimension des Verstehens durch Worte verkürzen zu wollen;
- dass sie die Erinnerungen an das verstorbene Kind und die Freude über die Geburt der Tochter teilen und mit ihnen darüber sprechen;
- dass sie die Geschwisterkinder betreuen, sie zum Gespräch und zum Spielen abholen;
- dass sie an praktische Hilfen denken, der Familie z. B. ein Mittagessen bringen oder einen Kuchen backen;
- dass sie über eine sehr lange Zeit Blumen zum Grab von Malte bringen und die Familie an seinem Geburts- und Sterbetag besuchen.

Maltes Familie gewinnt durch unterstützende Begleitung Stück für Stück, Schritt für Schritt neuen Boden unter den Füßen – es ist nicht mehr der Boden, auf dem sie einst standen, ein neuer – mühsam gewonnener – erweist sich als tragfähig.

Das ist meine Geschichte und die meiner Familie – es ist nicht leicht, eine eigentlich »unendliche Geschichte« in wenigen Sätzen auszudrücken. Das gilt auch für den folgenden Bericht.

Torbens Eltern sitzen am Küchentisch, zusammen mit der Tochter Gesa sprechen sie über Torben, den sie in ein oder zwei Tagen von seiner Urlaubsreise zurückerwarten. Der 23-Jährige ist mit zwei Freunden durch Spanien und Frankreich gefahren, ohne feste Planung – wie junge Leute so sind. »Wir bleiben da, wo es uns gefällt. Macht Euch keine Sorgen und erwartet vor allen Dingen nicht, dass ich mich unentwegt melde. Wenn Ihr nichts von mir hört, geht's mir gut!«, beruhigt Torben seine Eltern vor der Abfahrt.

Als die Familie überlegt, wo die Freunde in Frankreich gerade unterwegs sein könnten, klingelt es an der Haustür. Zwei Polizeibeamte teilen der Familie mit, dass Torben bei einem Verkehrsunfall in Nordfrankreich tödlich verunglückt, der eine Freund schwer und der andere leicht verletzt sei. Die Nachricht trifft die Eltern und die Schwester wie der viel zitierte »Blitz aus heiterem Himmel«. Gesa schreit, die Eltern stehen unter Schock, sind sprachlos und handlungsunfähig. Die Polizisten bitten Nachbarn um Hilfe, der Bruder der Mutter wird verständigt. Er übernimmt es, alles Weitere »zu regeln«.

Irgendwann in den nächsten Tagen sagt die Mutter: »Ich fahre nach Frankreich. Ich muss sehen, wo der Unfall passiert ist. Wie konnte das auf gerader Strecke geschehen? Und wo ist Torben jetzt? Ich will ihn sehen. Vielleicht hat man sich geirrt, und es ist gar nicht unser Sohn, der tot ist.« Familie und Freunde raten der Frau ab: »Um Himmels willen, mute Dir das nicht zu. Das überstehst Du nicht. Warum willst Du es Dir schwerer machen als es ohnehin schon ist?« Die Mutter lässt sich beschwichtigen.

Der Leichnam des Jungen wird überführt, der Bestatter legt den Eltern und der Schwester nahe, den Verstorbenen nicht mehr anzusehen: »Es ist kein schöner Anblick, glauben Sie mir. Es ist besser, Ihren Sohn anders – so wie er zu Lebzeiten war – in Erinnerung zu behalten.« Wieder lässt sich die Familie fremdbestimmen. Die Akzeptanz der Realität, »dem Tod ins Gesicht zu sehen«, ihn zu begreifen, wird erschwert – wenn nicht gar verhindert. Es geht über die Kräfte der Familie, auf eigene Wünsche und Gefühle zu horchen, sie wahrzunehmen und danach zu handeln. Dringend hätte sie Menschen in ihrer Nähe gebraucht, die sie dabei hätten unterstützen können.

In der folgenden Zeit besucht die Mutter täglich das Grab – der Vater erträgt es nicht, auf den Friedhof zu gehen. Es kommt zu Missverständnissen und Spannungen zwischen den Ehepartnern, den Eltern fehlt die Energie, auf die Trauer von Gesa einzugehen. Jeder für sich trägt schwer an der eigenen Last. Es kommt zur inneren Einsamkeit, zur Entfremdung untereinander.

Nach mehreren Monaten spürt die Familie zudem, dass sie sich auch den Freunden nicht mehr »zumuten« kann. Die Umwelt ist überfordert damit, die Trauer und die Wut, die Verzweiflung und die Tränen auszuhalten.

Drei Jahre später erfährt die Mutter – inzwischen als Folge verdrängter, nicht gelebter Trauer psychosomatisch erkrankt – in einer Kurklinik von der Möglichkeit, sich einer Selbsthilfegruppe der Verwaisten Eltern anschließen zu können. Hier trifft sie endlich Menschen, die sie verständnis- und liebevoll auf dem schweren und langen Weg durch die Trauer begleiten. Hier erlebt sie, dass ihre Fragen, Phantasien, Selbstvorwürfe und Sehnsüchte durchaus »normal« sind – dass sie Unterstützung findet, sich in ihrer im wahrsten Sinne des Wortes ver–rückten Welt neu zu orientieren. In einem langen Entwicklungsprozess lernt sie, den Tod von Torben in ihr Leben zu integrieren.

Diese beiden Erfahrungen stehen exemplarisch für ungezählte Leidens- und Trauergeschichten, mit denen Familien nach dem Tod eines Kindes leben. Vielleicht können sie ein wenig verdeutlichen, was hilfreich sein kann im Umgang mit Betroffenen und was ihren Trauerweg eher behindert.

Trauer um ein verstorbenes Kind ist kein vorübergehender Prozess, sondern ein fortwährender. Der Wortsinn *procedere* (= voranschreiten) impliziert nicht, dass dieses Voranschreiten ein Ende haben muss. Vielmehr erlebe ich in der Begleitung trauernder Menschen ihren an-dauernden Prozess, der sich in ständiger Wandlung befindet. Wer also Eltern fragt: »Wann ist denn Eure Trauer endlich vorbei?« wird ebenso wenig eine Antwort erhalten wie auf die Frage: »Wie hoch ist oben?« Eltern werden mit ihrer Trauer leben lernen – um so besser, je mehr ihnen erlaubt wird, ihrem toten Kind einen bleibenden Platz in ihrem Leben geben zu dürfen. Denn – wie hat der trauernde Vater *Ernst Schneck* so treffend formuliert? – »Er ist nicht einfach weg, sondern er ist anders da.«

Wolfgang Teichert hat in seinem Vortrag »Trauer als Raum. Eine Anfrage an das Phasenmodell« anlässlich der Seelsorge-Jahrestagung in Bad Segeberg eine eindrucksvolle Bezeichnung für die Integration des verstorbenen Kindes in das eigene Leben zitiert: *Der Philosoph Peter Sloterdijk spricht von den Toten als »bleibende intime Ergänzer«. Wenn diese Ergänzer, so Sloterdijk, dem Hinterbliebenen zu früh aus dem Herzen gerissen werden, so ist die depressive Verstimmung die adäquate Antwort des so amputierten Hinterbliebenen.* Für seine kritische Auseinandersetzung mit Modellen von Trauerphasen erhielt Wolfgang Teichert viel Zustimmung, besonders aus den Reihen der trauernden Teilnehmer. Mehr als andere vielleicht spürten gerade sie, dass er nicht nur theoretisch hinterfragt, sondern dass diese Fragen aus gefühlter Erfahrung entstanden sind. Für die vielen anregenden Denkanstösse, die von ihm in der gemeinsamen Trauerbegleitung ausgehen, bin ich sehr dankbar. Seine Wahrnehmung, die in ihrer Stimmigkeit bisweilen erschreckend sein kann, erstaunt mich immer wieder.

Jan Salzmann ist ausdrücklich gebeten worden, Trauerphasen in seinem Kapitel aufzunehmen, gleichwohl merkt auch er seine Vorbehalte dazu an. Und das ist gut so. Denn: mich beschleicht immer wieder das Gefühl, dass *die* Menschen, von denen Trauernde umgeben sind und mit denen sie in unterschiedlichsten Zusammenhängen zu tun haben (Familie, Freunde, Kollegen, Therapeuten, Ärzte), das Phasenmodell für sich selber benötigen, um sich daran *festzuhalten* und gegebenenfalls »modellhaft« therapieren zu können. Das *Festhalten* am Phasenmodell bewahrt davor, Trauernde »freischwebend« begleiten zu müssen. Freischwebend bedeutet für mich nicht, orientierungslos zu sein, sondern frei von eigenen Vorstellungen, was richtig oder falsch, was dran sei oder nicht (Phase eins, zwei, drei...), die Befindlichkeit des Einzelnen wahrzunehmen und seinen individuellen Weg zu begleiten. Im Augenblick der Verzweiflung zählt nicht, was richtig oder falsch ist, sondern was hilft, weiterzuleben. Es ist der Trauernde, der die Richtung angibt, auch wenn er orientierungslos ist. Er hat die Regie, auch wenn er sich eher als Statist erlebt in einem Film, der doch nicht seine Realität sein kann!

Manche Therapeuten hatten Lösungen für Trauernde parat – nur, sie passten nicht zum Problem. Wenn Begleiter von Trauernden nicht *fest – halten* an Phasenmodellen, sondern *los – lassen* können davon, dann sind sie vielleicht auch in der Lage, dem Trauernden *sein Los zu lassen* und ihn auf seinem individuellen Weg zu begleiten.

In all den Jahren, in denen ich Müttern und Vätern in ihrer Trauer um ein verstorbenes Kind begegnet bin, sind *die* Menschen, deren Trauer pathologisch* verlaufen ist, an zwei Händen abzuzählen. Mindestens doppelt so viele Rückmeldungen habe ich von trauernden Eltern erhalten über Psychologen und Therapeuten, die den Eltern mit unsensibler Haltung und mangelnder Einfühlsamkeit begegnet sind. *Zitat Renate Salchow:* »Sie wollte nicht einmal wissen, wer gestorben ist!« Oder der Psychotherapeut, der *Gert Richter* schon einige Monate nach dem Tod der Tochter »verlängerte Trauerreaktion« diagnostiziert! Das sind für mich Beispiele von pathologischem Umgang mit trauernden Eltern.

Die Verdienste von Verena Kast und anderen Autoren, die sich mit Trauerphasen beschäftigt haben, sollen durch kritische

---

* Wobei ich mich mit *Gert Richter* frage, ob es überhaupt eine pathologische Trauerreaktion gibt und wer denn darüber zu urteilen habe. Das Wort »pathologisch« würde ich gern durch das Wort »ungewöhnlich« ersetzen. Denn bei differenzierter Betrachtung in jedem Einzelfall ist die ungewöhnliche Trauerreaktion häufig auf ungewöhnliche Umstände zurückzuführen, die das Ungewöhnlichste, den Tod des Kindes, zusätzlich belasten.

Auseinandersetzung mit diesem Thema nicht geschmälert werden. Sie haben durch ihre Publikationen entscheidend dazu beigetragen, dem in unserer Gesellschaft verlorengegangenen Platz für trauernde Menschen Aufmerksamkeit und wachsendes Interesse entgegen zu bringen. Vieles auf diesem Gebiet ist auch durch sie in Bewegung gekommen. Kenntnis über Trauerphasen zu haben, kann helfen, den Facettenreichtum der Gefühle und die vielschichtigen Erfahrungen von Trauernden besser zu verstehen.

In der Zusammenarbeit mit meinen Kolleginnen und Kollegen und im Gesprächsaustausch mit ihnen besteht allerdings Konsens darüber, dass Modelle von Trauerphasen in der praktischen Begleitung trauernder Menschen eine untergeordnete Rolle spielen. In allererster Linie verstehen wir uns als Hörende, Wahr – nehmende, Auf – nehmende. Aus diesem Basisverständnis heraus und vor diesem Hintergrund sind wir dann in der Gruppen- und Seminararbeit durchaus An – bietende, Halt – gebende, Impuls- und Struktur – gebende. Die Bemühungen gehen dahin, eine Balance zu finden zwischen Teil – nehmen und Teil – geben.

Auch die Gruppenteilnehmer erleben den Spannungsbogen von Geben und Nehmen als hilfreich, wie *Renate Salchow* und *Gabriele Richter* in ihren Beiträgen schreiben. Dort gilt – wie auch in allen anderen zwischenmenschlichen Beziehungen –, dass der Einzelne sich im Gemeinsamsein mit dem Anderen entwickelt. Und zwar nicht nur im Austausch mit ihm, aus dem er für sich Gewinn zieht, sondern auch im Dasein für den Anderen. Gleichwohl bleibt viel übrig an Entwicklungsarbeit auf dem Trauerweg, die jeder Einzelne *allein* zu leben hat. Auch in begleiteten Gruppen liegt der Akzent auf der »Selbsthilfe«. Die Pädagogin *Maria Montessori* hat das Wort einmal aus – einander – genommen und neu aufgeschlüsselt:

»Hilf mir, es selbst zu tun« – der erste Teil »Hilf mir!« beschreibt die Notwendigkeit der Hilfe – Der zweite Teil »... es selbst zu tun« erklärt die Notwendigkeit der eigenen Bewälti-

gung der Aufgabe, die nicht abgenommen werden kann. Trauer und Leid müssen benannt, ausgedrückt und verwandelt werden dürfen – und zwar von der trauernden Mutter und dem trauernden Vater selbst. Niemand kann diese Aufgabe für einen anderen Menschen erfüllen.

Die Trauergeschichten von verstorbenen Kindern enthalten viele *Schichten;* sie sind viel-schichtig. Die obere Schicht, die Oberfläche, ist sichtbar für alle: die Tragödie des Todes. Für eine lange Zeit benötigen Eltern und Geschwister ihre ganz Kraft und Energie, um diese Tragödie zu realisieren und mit ihr jeden einzelnen Tag zu überstehen. Die tieferen Schichten, die Eltern und Geschwister durchleiden, sind für die Umwelt meistens nicht sichtbar: die innerpsychischen Prozesse finden häufig im Verborgenen statt. Trauer erfasst den ganzen Menschen – mit Körper, Seele und Geist. Es gibt für Trauer kein vorgegebenes Maß und keine vorgegebene Zeit. Wenn die Außenwelt einige Monate nach dem Tod meint, »nun müsse es aber weitergehen...«, sind die Betroffenen häufig gerade erst am Anfang aller Fragen und Veränderungen. Wenn wir uns vergegenwärtigen, dass das Verb »trauern« von dem althochdeutschen Wort »trure« abgeleitet ist, was so viel heißt wie »die Augen niederschlagen«, dann haben wir damit ein Bild für den innerpsychischen Prozess. Trauernde sind der Welt abgewandt (»Ich bin der Welt abhanden gekommen« → Friedrich Rückert, nach dem Tod seiner Kinder); indem sie die Augen niederschlagen, betrachten sie sich selbst, schauen nach innen, fragen nach dem Wesentlichen (woher komme ich – wer bin ich – wohin gehe ich?). Alles, was in unserer Leistungsgesellschaft zählt (was kannst du – was hast du – wie siehst du aus?), fällt von ihnen ab, zählt nicht mehr, hat keine Bedeutung. Es geht ihnen um das Eigentliche, das Menschliche – fernab aller Prestigesymbole. Mit den »niedergeschlagenen Augen« können Trauernde »uns die Augen öffnen«; denn: *Die Trauernden auf dieser Erde haben »Organe«, mit denen sie hören, was kein Ohr sonst zu hören vermag. Sie haben Augen, mit denen sie wahr*

– nehmen, was kein Auge je gesehen. Gesegnet sind die Trau-
ernden, denn diese Erde braucht sie. (Wolfgang Teichert).

Sehr eindrücklich beschreibt *Renate Salchow* in dem folgenden Beitrag ihre tiefen schmerzlichen und ambivalenten Gefühle *(Während für mich die Zeit stehen blieb, ging draußen das Leben weiter).* Sie schreibt über ihre Erfahrungen als Teilnehmerin in einer der 11 in Hamburg kontinuierlich stattfindenden Gruppen für verwaiste Eltern und trauernde Geschwister. Vielleicht kann sie damit Menschen ermutigen, sich nach dem Tod eines Kindes Hilfe zu suchen und unterstützende Gemeinschaft in einer Gruppe zu erfahren. Bundesweit gibt es ca. 250 Gruppen für verwaiste Eltern. Die Anschriften erfahrener regionaler Ansprechpartner sind im Anhang aufgeführt. Sie geben Auskunft über Gruppenangebote in der jeweiligen Region.

Trauer
einer Mutter

Wir sind zusammen auf dem Weg, dem Leben wieder Sinn zu geben

Renate Salchow

Seit dreieinhalb Jahren besuche ich regelmäßig eine Gruppe der »Verwaisten Eltern«. Lange Zeit waren Mütter und Väter in der Gruppe, heute sind wir ein Kreis von Müttern, die sich alle vierzehn Tage treffen. Wir nehmen uns viel Zeit, über unsere Kinder und das schwere Leben ohne sie zu sprechen und nehmen gegenseitig Anteil an unserem Alltag, der so viel schwerer geworden ist, seit unsere Kinder starben.

Zunächst hatte ich, zusammen mit meinem Mann, eine Zeitlang Gespräche mit der Trauerbegleiterin Anja Wiese. Erst später kam bei mir das Bedürfnis, in eine Gruppe zu gehen. Und so machte ich mich – unsicher und mit verzweifelter Hoffnung – auf den Weg zur Evangelischen Akademie in Hamburg, um erstmals an einem Gruppenabend teilzunehmen. Ich hörte die Geschichte der anderen Mütter und Väter. Ich litt mit ihnen meinen Schmerz neu und ich konnte mir das Herz erleichtern, indem auch ich von dem unfassbaren Schicksalsschlag erzählte, vom Tod unserer Tochter Ariane.

In den ersten Stunden des Neujahrstages 1997 starb unsere neunzehnjährige Tochter Ariane mit drei Freunden bei einem Glatteisunfall auf dem Weg nach Hause.

Die neunzehn Jahre voller Lebendigkeit mit unserer geliebten Ariane wurden mit einem Schlag brutal beendet. Jetzt habe ich nur noch die Erinnerung. Viele Situationen sehe ich vor mir; ich sehe Ariane beim Kunstturnen, im Haus, im Garten, mit uns, mit Freundinnen und Freunden, mit Familie, auf Reisen, beim Entspannen, beim Lachen und Weinen, beim Reden, beim

Essen. Doch der letzte gemeinsame Tag ist mit jeder Minute in meiner Erinnerung gespeichert, als wäre es gestern gewesen.

Es ist Sylvester, der 31.12.1996. Unser 23-jähriger Sohn Boris hat sich an diesem Morgen entschieden, doch nicht nach Berlin zu fahren, wo er Sylvester verbringen wollte. Darum können mein Mann und ich mit Ariane und Boris wie jeden Sylvesterabend zusammen essen, bevor sie zu ihren jeweiligen Parties gehen. Ich bereite das Essen vor, während Ariane im Wohnzimmer die farbenfrohen chinesischen Girlanden aufhängt, die ihr Vater so liebt. In diesem fröhlich geschmückten Raum sitzen wir vier zum letzten Mal zusammen.

Nach dem Essen verabschiedet Ariane sich von Boris und ihrem Vater. Ich fahre sie zu ihren Freunden. Zwischen den Fahrspuren ist der Schnee festgefroren. Beim Spurwechsel rutscht das Auto leicht, ich mache Ariane darauf aufmerksam. Abschiedsworte, gute Wünsche wie: »..habt viel Spaß, kommt gut hinein,« eine Umarmung; den Kuss auf die zarte Haut der Wange spüre ich noch heute, dann fahre ich zurück. Einer kalten, langen Sylvesternacht folgt ein Alptraum am Morgen. Mein Mann war unruhig und ist früh aufgestanden. Es klingelt an der Haustür. Zwei Polizisten und der Polizeipfarrer bringen die Nachricht von dem furchtbaren Verkehrsunfall. Ariane ist tödlich verunglückt und mit ihr drei Freunde.

Eine gefrorene Schneeschicht hatte auf dem Mittelstreifen der breiten Straße gelegen. Die Vorderreifen waren auf diese Schneeschicht geraten. Das Auto hatte sich gedreht und war auf die Gegenfahrbahn gerutscht. Gerade in diesem Augenblick kam eine Mercedes-Taxe und fuhr seitlich in den Kleinwagen hinein. Das Auto der jungen Leute überschlug sich. Alle vier starben.

Als die Polizisten immer mehr Einzelheiten der Katastrophe berichten, sitzen wir im Wohnzimmer mitten unter den farbenfrohen Girlanden, die Ariane für uns aufgehängt hatte. Der Polizeipfarrer ist neben mir, will beruhigen, aber ich bin wie betäubt. Ab und zu nehme ich mechanisch eine Girlande ab. Es kann doch alles nicht stimmen. Ariane hatte die Girlanden gerade erst aufgehängt, ich kann sie doch nicht abnehmen, andererseits, wie kann man bei

*so einer Nachricht in einem geschmückten Wohnzimmer sitzen. So
viele sinnlose Gedanken, weil man das EINE nicht denken kann.*

Das war nur der Beginn einer furchtbaren Zeit. Unsere Not
lässt sich nicht schildern. Wir nahmen Hilfe und Erleichterung
an, wo immer sie sich anbot; Kondolenzbriefe, Gespräche,
Besuche von Familie, Freunden und Nachbarn, Bekannten.
Wir brauchten die Bekundungen des Mitgefühls und wir bekamen sie reichlich.

Es blieb aber nicht aus, dass manche Worte nicht nur nicht
halfen, sondern zusätzlich belasteten und schmerzten. So
bekam ich Besuch von einer Frau, die mir ausführlich vom
Tod ihrer vor vielen Jahren gestorbenen Tochter erzählte. Sie
hatte schon ein paar Tage nach der Beerdigung wieder arbeiten müssen, als wäre nichts geschehen. Später kamen Depressionen. Sie tat mir Leid, und ich sah, wie schwer es für die
Eltern ist, weiterleben zu müssen. Ich wurde eingeladen von
einer anderen Frau, die über *ihren* verstorbenen Sohn schmer-
zerfüllt erzählte, obwohl sie eigentlich *mich* trösten wollte. Ich
bekam Kopfschmerzen. So viel Leid erfuhr ich in einem
Moment, wo ich selbst ein Stück getragen werden wollte.

Boris, mein Mann und ich suchten gemeinsam eine Thera-
peutin auf. Doch das war keine Hilfe. Sie wollte nicht einmal
wissen, *wer* gestorben war. Gespräche mit der Pastorin, die Ariane konfirmiert hatte und die sie nun beerdigte, gaben dann
den ersten Halt.

Viele Freunde kümmerten sich um uns – andere nicht. Neue
Freundschaften sind entstanden. Wir nahmen alles an, aber
das Gefühl des Alleinseins blieb, denn in unserem Schmerz
konnte uns niemand erreichen. Ich spürte die Hilflosigkeit und
hatte das Gefühl, den anderen das Helfen schwer zu machen.
Aber uns war ja nicht zu helfen. Während für mich die Zeit
stehenblieb, ging draußen das Leben weiter. Ich hatte ein völlig neues Lebenstempo. Mein Blick ging nur zurück, nicht
nach vorn. Ich hatte keine Zukunft mehr.

Dann wurde uns ein Prospekt der »Verwaisten Eltern in Hamburg« gegeben und kurz darauf berichtete uns eine Lehrerin, deren Sohn vor Jahren gestorben war, dort Hilfe gefunden zu haben und ermutigte uns, Kontakt aufzunehmen. So fanden wir dann die Hilfe der »Verwaisten Eltern«. Plötzlich war da ein Raum für unseren Schmerz, wir durften unsere Verzweiflung aussprechen. Dort war jemand, der das Unglück, ein Kind zu verlieren, überlebt hatte. Wir erkannten, Menschen nötig zu haben, die zeigen konnten, dass und wie das Leben selbst mit diesem Schicksalsschlag weitergehen konnte. Es konnten nur Menschen sein, die den gleichen Verlust erlitten und sich mit diesem Schicksal bewusst auseinander gesetzt hatten. Auch Boris nahm das Angebot an und traf sich eine Zeitlang mit Anja Wiese.

Zehn Monate nach Arianes Tod wagte ich den Schritt in eine offene Gruppe bei den «Verwaisten Eltern«. Ich erlebte nun viele unglückliche Menschen, die alle den gleichen entsetzlichen Verlust zu tragen hatten, den Tod des geliebten und manchmal auch einzigen Kindes. Ich sah die anderen Mütter und Väter erzählen und weinen wie ich; immer wieder neue Geschichten, anders und doch ähnlich wie meine – immer war ein Kind gestorben. In der Gruppe fand ich Ruhe und Verständnis. Hier hatte ich Zeit. Hier gab es nichts, was mich drängte.

Wenn ich heute auf die mehr als vier Jahre zurückblicke, die seit Arianes Tod vergangen sind, dann erkenne ich einen langsamen Wandel meiner Gefühle, meines Schmerzes. Damals suchte ich verzweifelt nach Hilfe. Jeden Morgen musste ich den Tag mit dem immer wieder neuen Erschrecken beginnen, meine Ariane ist t o t! Woher sollte ich die Kraft nehmen, aufzustehen? In der Gruppe sah ich Menschen, die in der gleichen Situation waren. Ich fühlte mich gehalten von mitleidenden Menschen. Ich suchte etwas, was mir den Raum gab, die Trauer um Ariane auszuhalten, denn niemand kann sie mir abnehmen. Ariane fehlt uns so sehr. Werde ich je begreifen, dass sie nur neunzehn Jahre alt werden durfte?

Besonders wichtig wurde mir der langsam entstehende Kreis von Eltern, der sich gerne in einer festen Gruppe weiter treffen wollte. Wir hatten das Bedürfnis, über all die Fragen und Gedanken sprechen zu können, die uns jetzt zu beschäftigen begannen.

Unser Alltag war durch unsere tiefe Verletzung so beschwerlich geworden, egal, ob jemand im Beruf stand, zuhause noch Kinder zu versorgen hatte oder gerade die sowieso schwere Zeit durchmachte, in der die Kinder in eine eigene Wohnung ziehen. Alle vierzehn Tage konnten wir erzählen, was wir inzwischen erlebt hatten, was uns traurig gemacht und was uns gut getan hatte. Durch unterschiedliche Möglichkeiten konnten wir unsere Gedanken und Gefühle ausdrücken.

Vor vielen Jahren hatte ich einen Text der Gnostiker gelesen, der mich sehr beeindruckte:

Wenn du hervorbringst, was in dir ist,
wird das, was du hervorbringst, dich retten.
Wenn du nicht hervorbringst, was in dir ist,
wird das, was du nicht hervorbringst, dich zerstören.

Heute haben diese Worte eine neue Bedeutung für mich bekommen. Wenn ich mein Leid in mir verschließe, dann werden meine Gefühle und damit ich selbst zerstört. Wenn ich mein Leid auf irgendeine Weise ausdrücken kann, dann rettet es mich. So verstehe ich heute diesen Text.

Unsere Gruppenbegleiterin Erdmute Wiarda schuf uns diesen Rahmen. Wir teilten die unterschiedlichen schmerzvollen Geschehnisse miteinander. Wir erleben, dass es heilsam ist, die schwere innere Last nach außen zu bringen, sie den anderen mitzuteilen.

Eine Mutter hatte während einer langen Krankheit von ihrer Tochter Abschied nehmen müssen. Für andere Eltern gab es keinen Abschied, es war ein plötzlicher Tod durch Krankheit oder durch einen Unfall. Autounfälle beendeten das Leben mehrerer Kinder. Sie gingen wie so oft aus dem Haus, aber dieses Mal kamen sie nicht mehr zurück. Kein letztes Wort, kein Aussprechen all der Gefühle von Liebe, keine Klärung von Unstimmigkeiten, es blieb ein Riss, ein Abgrund. Wir erschrecken nicht mehr vor dem, was wir hören. Wir denken nicht mehr, dass es nur den anderen trifft. Auf dem Weg nach Hause fühle ich mich jedes Mal durch das Aussprechen etwas erleichtert und wieder ein Stück mehr geerdet.

Die Gruppenabende sind für mich eine Insel, die mir eine Weile das Gefühl des Ausgeschlossenseins nimmt, denn ich gehöre nicht mehr zu den unbeschwerten Menschen um mich herum. Ich muss lernen, meinen Platz in der Gesellschaft wieder einzunehmen, ohne mein schweres Schicksal auszuklammern. Dabei hilft mir auch die Gruppe.

Jemandem erzählen zu dürfen, wie es war, als ich mein totes Kind ein letztes Mal sehen durfte, das Entsetzen noch einmal aussprechen zu können, wie es war, als ich Ariane ein letztes Mal über die Haare und das Gesicht streichen durfte, um sie dann für immer verlassen zu müssen. Ich höre, wie andere Mütter ihren letzten Abschied beschreiben und ahne den zusätzlichen Schmerz, wenn nicht alle Eltern diese Möglichkeit hatten. Dann ist es noch schwerer, den Tod der Tochter, des Sohnes zu begreifen.

Wir sprechen über die Beerdigung, die wir fast alle wie in einem unwirklichen Traum erlebt haben. Wir haben die Trauerfeier geplant, Lieder ausgesucht, haben mit der Pastorin oder dem Pastor für die Predigt über unser Kind gesprochen. Heute fragen wir uns, wie konnten wir das schaffen? Wie haben wir den Alltag bewältigt? Welche Erfahrungen haben die anderen gemacht? Was hilft, den Alltag durchzustehen? Bin ich denn *normal*? Wir stellen fest: Jeder reagiert auf seine Weise, um die Situation aushalten zu können.

Das Erzählen klärt, erdet und gibt Kraft, den nächsten Tag, die nächste Woche zu überstehen. Gestärkt gehe ich nach dem Gruppenabend nach Hause. Ich bin noch da. Ich fühle mich wieder, bis ich mir erneut abhanden komme. Vielleicht lese ich dann einen der Texte, die unsere Gruppenbegleiterin zu jedem Treffen für uns mitbringt, oder ein ganz bestimmtes Buch. Manchmal begleitet mich ein Satz einige Tage und ein Buch über Monate. Ganz leise und unbemerkt sinken die Worte seit vier Jahren in mich hinein. Sie fügen sich mit anderem zu einem Netz zusammen, das mich ganz langsam zu tragen in der Lage ist, wenn alles wieder einmal nur dunkel ist. Das Netz scheint mich zu halten, bis ich wieder auf eigenen Füßen stehen kann.

Die Zeit lässt sich nicht zurückdrehen und nicht beschleunigen. Nie fühlte ich mich so machtlos gegen den unabänderlichen Lauf der Zeit. Der letzte Tag, den wir mit unserem Kind gelebt haben, rückt immer weiter weg. Wir müssen unaufhaltsam vorwärts gehen. Werden wir am Ende unseres eigenen Lebens wieder mit ihnen vereint sein?

Die Fragen nach dem Warum, nach dem Wohin und nach dem Sinn des Lebens und Sterbens quälen uns. Wo ist mein Kind jetzt? Was bedeutet der Tod? Der Tod eines alten Menschen ist ein schmerzvoller, aber normaler Vorgang. Wenn ein Kind stirbt, dann wird ein Naturgesetz einfach umgedreht. Hier müssen Eltern ihr eigenes Kind begraben.

Beim Lesen und beim Reden wird mir bewusst, dass schon immer Kinder starben. Sie sterben heute, und sie starben früher häufiger, als die Medizin noch nicht den heutigen Wissensstand hatte.

Wir lesen in der Gruppe Gedichte von Friedrich Rückert, der innerhalb von Tagen seine dreijährige Tochter und den fünfjährigen Sohn durch Scharlach verlor. Der Text des wunderbaren Liedes von Gustav Mahler *Ich bin der Welt abhanden gekommen* stammt ebenfalls von ihm. Rückert fließen die Gedichte wie Tränen aus der Feder. Seine Verzweiflung ist in dem Buch »Kindertotenlieder« auf jeder Seite zu spüren. Joseph von Eichendorff hat über den Tod seines Kindes eindrucksvolle Gedichte geschaffen. Mascha Kaléko, Erich Fried, Else Lasker-Schüler, Marie Luise Kaschnitz, Rainer

Maria Rilke, Renate Salzbrenner – eine verwaiste Mutter – und viele andere treffen mit ihren Worten meine Gefühle.

Wir sprechen über die Briefe, die Wilhelm und Caroline von Humboldt sich nach dem Tod ihres ältesten Sohnes Wilhelm geschrieben haben. Der neunjährige Sohn starb im August 1803 innerhalb weniger Tage an einer Infektion in Rom. Caroline verließ Italien sofort mit ihrem zweiten, ebenfalls erkrankten Sohn in der Hoffnung, dass wenigstens dieses Kind wieder gesund würde. Wilhelm von Humboldt konnte seinen Posten als Botschafter des Vatikans nicht verlassen. Die Briefe zeigen, wie die unglücklichen Eltern versuchen, ihr Schicksal zu tragen und wie schmerzhaft und auch tröstlich es ist, wenn durch Orte, Situationen, Menschen und bestimmte Daten die Erinnerung an das Kind wieder ganz lebendig wird. Genau das erlebe ich auch.

Zuhause beschäftige ich mich mit diesem Briefwechsel. Ich fühle mich einem Ehepaar verbunden, das in der Romantik gelebt hat. Ich lese eine Biographie über Wilhelm von Humboldt und erfahre, wie auch in den Briefen beschrieben, dass der verstorbene Sohn Wilhelm auf dem protestantischen Friedhof in Rom – dem Cimitero Acattòlico – neben der Cestius Pyramide beerdigt wurde. Eine anstehende Kurzreise nach Rom wird plötzlich sinnvoll für mich. Ich suche diesen Friedhof auf und finde den Grabstein von Wilhelm. Ich fühle noch heute die seidige Aprilluft auf diesem alten kleinen Friedhof, spüre die warme Sonne, sehe die blühenden Mandelbäume und höre in der Stille die Vögel zwitschern. Ein großer Friede liegt über den alten Gräbern. Ariane ist mir auch hier ganz nah, obwohl ich weit weg bin von zuhause. Das Leben ist intensiv geworden.

Die Gruppe wird im Laufe der Zeit für mich mehr als ein Zusammensein von Menschen, die trauern. Wir begleiten uns ein Stück auf dem Weg, dem Leben wieder einen Sinn zu geben. Wir werden nie verstehen, warum das Schicksal gerade uns und unsere Kinder traf, aber wir können versuchen, die

Welt, in der wir leben und die unsere Kinder so früh verlassen mussten, etwas mehr zu begreifen.

Auch die Religion ist in unserer Gruppe ein Thema. Die Gespräche über den Glauben kommen immer wieder. Was steht in der Bibel über Leben, Tod und Auferstehung? Was ist mit unseren Kindern geschehen? Ich spüre, dass durch die Not die Sehnsucht nach einem tragfähigen Glauben wächst.

Ich entdecke in den Briefen der Humboldts Passagen über die Religion. Kann der Glaube helfen? Caroline von Humboldt fragt, wie man sich wohl die Wiederbegegnung mit dem geliebten verstorbenen Kind vorstellen soll. Sie drückt damit ihren Gefühlszustand aus, ihren persönlichen Zugang zum Glauben. Sie sieht die Auferstehung nicht im kirchlichen oder dogmatischen Sinn. Ist das nicht auch unser Zugang?

Unsere Begleiterin stammt aus einer Pastorenfamilie, sie lebt ihren christlichen Glauben. Aber sie geht sehr vorsichtig an das Thema heran. Sie will niemanden bedrängen. Sie versucht zu erspüren, wo wir stehen, will aber anbieten, wo der Wunsch danach besteht.

Wir Mütter haben unterschiedliche Einstellungen und Gefühle zum christlichen Glauben und unterschiedliche Erlebnisse mit ihm. Der Tod eines Kindes kann einen gläubigen Menschen völlig von Gott abwenden, wenn manchmal auch nur für eine Weile. Ein anderer kann plötzlich in Gott die einzige Zuflucht entdecken oder wendet sich ganz vorsichtig in diese Richtung. Wieder andere machen die Suche nach Trost in den anderen Weltreligionen zu einem Hauptinteresse. Irgendwo beginnt man zu suchen und geht dabei immer weiter.

Der Tod von Ariane hat mir bewusst gemacht, dass ich glauben will: *Unsere Kinder sind geborgen in Gottes Hand.* Ich denke dabei auch an die Worte des jungen Pastors Christian Butt in unserer Gemeinde. Er hatte den vier verunglückten jungen Menschen die Predigt am ersten Sonntag 1997 gewidmet und von dieser Geborgenheit gesprochen: *Und siehe, da tat sich der Himmel auf. (Matthäus)*

Der Himmel steht offen. Einem jeden, Einer jeden... Allein das lässt mich glauben, dass die Toten des Neujahrsmorgen nun in dem geborgen sind, der aus dem Tod Leben schaffen kann und sie – in aller Sinnlosigkeit – geborgen hat... »Und da tat sich der Himmel auf.« Der Zugang ist frei. Gott sei Dank.

Ich kann mir nicht vorstellen, wie bei Gott diese Geborgenheit aussieht, aber ich kann alles sammeln, was Geborgenheit beschreibt. Ich sammle sie in Bildern, ich suche sie in Büchern, in Texten. Ich finde Geborgenheit in Liedern. Arianes Lieblingssong war lange Zeit »Like a bridge over troubled water«. Ich höre dieses Lied anders, seit Ariane tot ist.

Wir hören in der Gruppe die Bachkantate mit dem Text des 91. Psalm:

> *Denn er hat seinen Engeln befohlen über Dir,*
> *dass sie Dich behüten auf allen deinen Wegen,*
> *dass sie Dich auf ihren Händen tragen,*
> *und Du Deinen Fuß nicht an einen Stein stößest.*

Ich höre den Text, ich höre die Musik. In mir rebelliert es. Wo war am 1. Januar 1997 Arianes Schutzengel, was ist mit dem Schutzengel der anderen Kinder? Wo war er, als das Unglück geschah, wo war er, als sie krank wurden? Vielleicht darf ich mein Denken nicht auf diese Welt begrenzen. Was ist, wenn der Engel uns wirklich nie verlässt? Was ist, wenn er uns Menschen und damit besonders unsere Kinder auch auf dem schweren Weg über das Sterben und über den Tod hinaus begleitet? Kann ich den Text so deuten?

Auch diese Gedanken entstehen in Gesprächen in der Gruppe. Wir lernen uns immer besser kennen. Jede von uns hat ihr eigenes Leben. Wir erleben Veränderungen mit, die einige von uns zu bewältigen haben.

Eine Mutter verliert die Arbeit und stellt fest, dass ihr wider Erwarten die Ruhe sehr gut tut; hatte sie doch zunächst versucht, sich sofort wieder eine Beschäftigung zu suchen.

Ich beginne eine neue Arbeit, meine Schwiegermutter stirbt, mein Vater wird krank, ich fühle mich überlastet.

Eine Mutter kann zunächst keine Beziehung zu ihrer neuen Enkeltochter aufnehmen, weil die Erkenntnis schmerzt, dass die eigene verstorbene Tochter nie eine Mutter sein wird. Wir wissen, dass die Lücke, die unser Kind hinterlassen hat, immer bleiben wird. Auch Ariane wird nie Ehefrau und Mutter sein.

Kummer kann krank machen. Besonders orthopädische Leiden sind unter uns nicht selten. Der Körper versucht, die Spannungen zu übernehmen, damit die Seele ein wenig Ruhe findet. Die Folgen sind Verkrampfungen der Muskeln, Fehlhaltungen des gesamten Körpers. Spannungskopfschmerzen, Entzündungen von Gelenken und Bandscheibenvorfälle treten auf. Unser Körper leidet mit uns. Wir tauschen aus, was uns helfen kann. Ein Physiotherapeut erkennt die Ursache meines Rückenproblems. »Sie brauchen viel Ruhe«, rät er mir. Ich bin ihm dankbar, denn manchmal erscheint mir alles zu viel.

Habe ich im ersten Jahr nach Arianes Tod gar keine Kraft gehabt, mich zu überfordern, so geschieht es jetzt manchmal, dass ich nicht merke, wenn ich eine Pause brauche. Sogar der Termin zum Gruppenabend erscheint mir nach einem Arbeitstag plötzlich als Last. Sobald ich jedoch dort bin, beginne ich, wieder zu mir zu finden. Niemand erwartet dort, dass ich funktioniere. Hier kann ich erzählen, warum es mir so weh tat, als ich die Mutter mit ihrer blonden Tochter beim Einkaufsbummel oder in einer Bilderausstellung miteinander reden und lachen sah.

In der Gruppe können wir immer wieder formulieren, was uns begegnet, was uns belastet auf dem Weg in unser neues Leben. Manchmal verharren wir im Schmerz, weil wir denken, mit dem Schmerz auch die Erinnerung und die Verbindung zu unseren Kindern zu verlieren. Und es bereitet Schmerz, wenn wir in einer Runde von anderen Frauen und Müttern, die von ihren Kindern und Enkeln erzählen, nur noch stumme Zuhörer sind. Es tut weh, wenn niemand mehr mein verstorbenes Kind kennenlernen möchte. »Ich besuche dich später einmal und dann erzählst du mir etwas über deine Tochter und zeigst mir die Fotos von ihr,« das sagte jemand zu mir. Für einen Moment fühlte ich mich verstanden. Aber es kam nie zu diesem Besuch. Heute denke ich, dass ich meine Wünsche oft nicht deutlich genug geäußert habe.

Es entstand die Idee, für jedes Treffen etwas von unseren Kindern mitzubringen. Beim Zeigen der Fotos und Gegenstände erzählen wir von unseren Kindern. Wir erinnern uns an gute und schwere Zeiten mit ihnen. Beim Erzählen werden sie wieder für kurze Zeit lebendig.

Vor meinem inneren Auge sehe ich die kleinen und großen Kinder in unserer Mitte. Peter, Monika mit ihrer kleinen Tochter Julia, Stefanie, Carsta, Maren, Nina und Ariane, sie alle sollen in unserer Erinnerung bleiben. Über diese Zeit möchte ich erzählen und den anderen zuhören dürfen. Hier in der Gruppe können wir das tun.

Unser eigenes Leben geht weiter, es ist ein anderes Leben, als wir es uns vorgestellt haben. Es ist schwer, dieses andere Leben anzunehmen, aber es ist notwendig. Hier stärken wir uns dafür, indem wir uns gegenseitig zuhören und ermutigen. Wir entdecken dabei neue Kraftquellen in neuen Gedanken und Tätigkeiten.

Renate Salchow; geb. 1949; Steuerbeamtin bis zur Geburt der Kinder; wohnt mit ihrem Mann in Hamburg, wo auch der erwachsene Sohn Boris lebt; nach dem Tod ihrer Tochter Ariane denkt sie darüber nach, Menschen mit schweren Schicksalsschlägen die Angst vor festlichen Anlässen, insbesondere vor dem Weihnachtsfest zu nehmen; Schreiben, Fotografieren und Buchbinden gehören zu den intensiven Beschäftigungen nach dem Tod ihrer Tochter.

Eine ver-hinderte Klage
be-hindert Leben

Anja Wiese

Da stehen sie, die Geschwister – in der Eingangshalle der Evangelischen Akademie Bad Segeberg, angereist mit ihren Eltern zu einem Trauerseminar, die jungen Erwachsenen zum Teil auch ohne ihre Mütter und Väter. Die Jüngsten mit ihren Kuschelkissen im Arm, bei einigen schaut der Teddybär aus dem Rucksack – bei vielen die Unsicherheit aus den Augen... Andere sind schon vertraut mit der Umgebung, toben durch die Halle auf der Suche nach bekannten Gesichtern, nach Spiel- und Leidensgefährten, die sie hier kennen gelernt haben. Zwei 11-jährige Mädchen, die sich im vergangenen Seminar angefreundet haben, ziehen mit der Bettdecke durch die Halle zum Zimmertausch – sie haben längst mit den Eltern geregelt, dass die beiden in einem Zimmer zusammen übernachten werden. Es gibt so viel zu erzählen... Und dann die Jugendlichen – manchmal fast 20 Teilnehmer und Teilnehmerinnen – diese wunderbaren Menschen, die gestylt, tätowiert, gepierct, so sehr auf der Suche nach Identität sind, nach dem Tod des Geschwisters noch mehr als ohnehin schon... Andere, die in der ganzen anmutigen Ungeschminktheit eine fast zerbrechliche Transparenz ausstrahlen, einen tiefen Ernst und ein sehr frühes Erwachsensein. Und die 20-40-jährigen Menschen, die als erwachsene Schwestern und Brüder um den Tod eines Geschwisters trauern – für viele liegt der Tod noch nicht lange zurück, für manche fast 20 Jahre. Sie waren Kind oder Jugendliche/r, als das Geschwister gestorben ist, und machen sich als Erwachsene, die erfahren haben, dass eine *ver – hinderte Klage Leben be – hindert (Heinrich Pera)*, aus dem ganzen Bundesgebiet auf die Reise nach Bad Segeberg, auf den Weg der Auseinandersetzung mit ihrem Lebensthema und auf die Suche nach sich selbst.

Durch den Tod eines Kindes gerät das gesamte Familiengefüge durcheinander. So wie jeder Einzelne sein Leben neu finden muss, so müssen auch die Beziehungen untereinander neu definiert und gestaltet werden.

Junge Menschen, die um Schwester oder Bruder trauern, sind oft die so genannten »doppelten Verlierer«: zusätzlich zu dem Verlust des Geschwisters verlieren sie *die* Eltern, die ihnen in Wesen und Verhalten bekannt und vertraut waren. Sie müssen vielmehr mit durch den Tod eines Kindes zunächst total veränderten Eltern zurechtkommen.

Um diese Aussage zu verdeutlichen, möchte ich von einer Erfahrung erzählen:

Birgitt Lösch, die viele Jahre Mitarbeiterin in Hamburg bei den Verwaisten Eltern gewesen ist, hat das, was in einer Familie nach dem Tod des Kindes geschieht, in einem Trauerseminar einmal demonstriert: Sie hielt ein Mobilé in der Hand, an dem fröhlich fünf Püppchen aus feiner Wolle tanzten. Es sollte das Abbild einer Familie darstellen: Vater, Mutter, drei Kinder. Birgitt Lösch zeigte, dass das Familiensystem auch einmal ins Schwanken kommen kann – mal hängt der eine »etwas schräg«, mal der andere »etwas tiefer«. In jeder Familie gibt es auch Turbulenzen, bei denen alle Familienmitglieder heftig »ins Schleudern« kommen können, sich verheddern und verknoten. Aber immer war es möglich, die Figuren wieder in die Balance zu bringen – es dauerte nur unterschiedlich lange und manchmal war es sehr schwierig, erforderte viel Fingerspitzengefühl, um die Verstrickungen wieder zu lösen. Aber irgendwie ging es immer, die Fäden hielten Stand ... Nach einer Weile, als es keinen Luftzug mehr gab im Raum, kamen die Figuren zur Ruhe – Vater, Mutter, drei Kinder. Durch die Fäden des Mobiles waren alle miteinander verbunden, standen in Beziehung zueinander, waren aufeinander bezogen, auch aufeinander angewiesen, aber doch mit genügend Freiraum für jeden Einzelnen. Plötzlich zog Birgitt eine Schere, die sie hinter dem Rücken gehalten hatte, hervor und – zerschnitt einen Faden! Innerhalb von Bruchteilen von Sekunden klappte das ganze Gebilde zusammen.

Wir hielten den Atem an. Der Schmerz, den dieser Anblick auslöste, war fast körperlich zu spüren. Dieses Bild hat sich tief eingeprägt bei mir. Bis heute bin ich Birgitt Lösch dankbar für diese Anregung. Vielfach gab ich sie inzwischen weiter – immer, wenn bei einem Vortrag oder in einem Fortbildungsseminar das Geschehen in einer Familie nach dem Tod eines Kindes erklärt und dargestellt werden soll. Viele Kolleginnen und Kollegen haben diese Anregung übernommen, weil es nichts Vergleichbares gibt, das auf so eindrückliche und auch erschreckende Weise den Zusammenbruch einer Familie deutlich machen kann. Wenn ein Faden am Mobile, *ein* Lebensfaden abgeschnitten wird, der verbunden war mit allen anderen und alle auf seine Weise zusammenhielt, bricht das ganze System zusammen.

Das Ausmaß einer solchen Erfahrung ist für Außenstehende schwer nachvollziehbar. Dementsprechend gibt es für betroffene Familien kaum Resonanz in ihrer Umwelt auf diese dramatische Situation – zumal nur wenige Menschen eine Vorstellung davon haben, wie tief greifend und langfristig Familien mit dem »Neuaufbau« ihrer Familienstruktur beschäftigt sind. Und in der Zeit des »Sich-Zurecht-Findens« einer radikal veränderten Lebenssituation sind die hinterbliebenen Geschwister häufig »die doppelten Verlierer«. Alles, was ihnen vor dem Tod des Bruders oder der Schwester Sicherheit gab, hat keinen Bestand mehr – nichts ist mehr so, wie es einmal war. Ihre Eltern haben meistens keine Kraft, sich intensiv um sie zu kümmern und sich ihnen liebevoll zuzuwenden, da sie selbst verzweifelt und orientierungslos sind. Häufig verdrängen Geschwister die eigene Trauer, um den Eltern Stütze zu sein, um das verstorbene Geschwister zu »ersetzen«, um die Eltern zu schonen und sie nicht zusätzlich zu belasten. Auch von der

Umwelt werden Geschwister in ihrer Trauer häufig kaum wahrgenommen. Während Müttern im Allgemeinen noch Anteilnahme zugute kommt, wird dem Vater häufig nur auf die Schulter geklopft mit den Worten: »Sei stark für Deine Frau!« und Geschwister werden als trauernde Familienmitglieder oftmals ignoriert.

Von hinterbliebenen Geschwistern wissen wir, dass sie sich – in der Art und Weise, wie sie trauern – sehr oft nicht verstanden fühlen. Viele Jugendliche scheuen den Weg zum Friedhof. Aber gerade der Gang ans Grab wird von Eltern und Umwelt oft als »Gradmesser« dafür, wie intensiv ihre Trauer ist, herangezogen. Geschwistern wird vorgeworfen, nicht »angemessen« zu trauern, wenn sie z.B. am Tag nach der Beerdigung mit Freunden in die Disco gehen. Aber all diese Verhaltensweisen sind »angemessen«, das heißt sie entsprechen dem Jugendlichen und sollten als »die ihm gemäße Art zu trauern« toleriert und akzeptiert werden.

Zurück zu den Geschwistern, die in Bad Segeberg an einem Trauerseminar teilnehmen. Dieses Mal haben wir zu einem familienorientierten Seminar eingeladen. Das Konzept dazu ist im Mitarbeiterteam vor sechs Jahren entwickelt worden – nach 10-jähriger Seminarerfahrung mit trauernden Familien – und einmal im Jahr, im Sommer, stehen seitdem nicht die verstorbenen Kinder im Mittelpunkt, sondern die lebenden. Sie, die so oft »aus dem Blickfeld geraten«, erfahren besondere Zuwendung und Aufmerksamkeit – auf sie ist der Focus gerichtet; denn allzu häufig erleben sie, dass »das einzig lebendige Kind in der Familie das tote Kind ist« (wie eine trauernde Schwester es einmal formulierte). Wir laden also Mütter, Väter und Kinder ein, die sich neben der eigenen Trauer mit der gemeinsamen Trauer in der Familie auseinander setzen wollen. Mütter und Väter, die Kinder und Jugendliche im Alter zwischen 5 und 17 Jahren mitbringen, können an diesem Seminar mit besonderer Konzeption teilnehmen, zu dem die Geschwister mit einem gesonderten Text eingeladen werden.

Liebe Geschwister!

Das kennt ihr:
- Oft seid ihr allein in eurer Trauer;
- selten fragt jemand nach, wie es euch geht;
- schon nach kurzer Zeit will niemand mehr etwas von eurem toten Bruder/eurer toten Schwester hören;
- Lehrer, Familienmitglieder und andere Erwachsene können mit eurem Verlust meistens nicht umgehen;
- Freunde haben für eure Tränen oft kein Verständnis und wenden sich aus Unsicherheit ab.

Das könnt ihr kennen lernen:
- andere Geschwister, die auch trauern;
- Menschen, die euch wahrnehmen und zuhören;
- Jugendliche, die mit euch in den Trauerseminaren Gemeinschaft erfahren und erleben;
- dass alles, was ihr mit eurem Bruder/eurer Schwester erlebt habt, Raum und Zeit bekommt;
- eure Trauer, eure Freuden und Sorgen, euren Alltag und eure Träume miteinander zu teilen;
- neue Freunde und Kontakte, die euch im Alltag stärken und Mut machen.

In diesem Seminar werden parallel laufende Eltern- und Kindergruppen angeboten, zwischen denen es am Ende des Seminars zu Austausch und Begegnung kommt. In den Vorbereitungen zu dem familienorientierten Seminar entwickeln die Mitarbeiterinnen und Mitarbeiter der Eltern- und Kindergruppen die Inhalte und deren methodische Umsetzung gemeinsam oder in Absprache miteinander. In den Elterngruppen werden die Mütter und Väter behutsam, aber zielgerichtet, darin begleitet, ihre Wahrnehmung auf das mitgebrachte Geschwisterkind zu lenken. Wir bitten sie, sich in das Kind hineinzuversetzen, nachzuspüren, wo und wann es in letzter Zeit froh oder traurig war, glücklich oder unzufrieden und belastet im Zusammensein mit den Eltern. Die Beschäftigung mit dem lebenden Kind findet dann meistens einen gestalterischen Ausdruck. Einmal haben Mütter und Väter ein kleines Büchlein zusammengestellt für das Kind in der Parallelgruppe – sie schrieben, malten, zeichneten, klebten kleine Collagen. Es gab viele Materialanregungen dazu und Vorschläge zu »Anfangssätzen«, zum Beispiel:

- Du bist ein besonderes Kind, weil ...
- Ich bin dankbar für ...
- Was ich gerne mal mit dir machen möchte ...
- Als du klein warst ...
- Weißt du noch, als ...

Als »Anfangsheft« also, das fortgeführt werden kann, über das Seminar hinaus. Ein Mitteilungsbuch für Dinge, die im Alltag oft ungesagt bleiben. Ein Angebot, auch zukünftig immer mal wieder *dieses* Kind bewusst wahrzunehmen.

Ein anderes Mal schrieben die Eltern einen Brief an das lebende Kind. Vorausgegangen war die Überlegung, was das Kind momentan am meisten braucht von Mutter oder Vater – vielleicht die Einlösung eines Versprechens, vielleicht Gespräche bei einem Picknick oder Schwimmbadbesuch, bei einer Übernachtung im Zelt mit Lagerfeuer oder einem »Candlelight-Dinner« (selbstgekocht!) oder ... oder ... Auf alle Fälle sollte es etwas Gemeinsames nur mit *diesem* Kind sein.

Wunderschön war auch die Gestaltung einer großen Sonnenblume aus Tonpapier. Die Eltern schrieben und malten Wünsche für das Geschwisterkind auf die Blütenblätter, in deren Mitte für jedes Kind eine »echte« Sonnenblume leuchtete.

Und: unvergessen, als Mütter und Väter für ihre mitgebrachten Kinder »Bridge over troubled water...« gesungen haben. *Das waren Augen-Blicke, aus denen Herz-Brücken ent-standen sind. (Frauke Leppien)*

In den Kinder- und Jugendgruppen entstehen im Verlauf des Wochenendes in einem sorgsam begleiteten Gruppenprozess ebenfalls »Ergebnisse«, Mitteilungen der besonderen Bedürfnisse von den Geschwisterkindern an ihre Eltern. Ich erinnere mich an einen eingepflanzten Birkenbaum, der in der Mitte des Gruppenraumes stand, und in dem die Eltern bei ihrem »Besuch« in der Kindergruppe kleine Briefe und Zeichnungen fanden. Die Kinder hatten darin ihre Wünsche und Sehnsüchte, ihre Ängste und Zweifel zum Ausdruck gebracht, die sie den Eltern mitteilen wollten. Es gab auch fest verschlossene Briefe – Geheimnisse, die von den Müttern und Vätern nicht gelesen werden durften.

Die Psychologen, Therapeuten und Trauerbegleiter, die Kinder- und Jugendgruppen leiten, entwickeln die Begegnung in den Gruppen mit den Eltern äußerst behutsam und in ständiger Absprache mit den Kindern. Die jungen Menschen entscheiden darüber, was sie von sich zeigen und preisgeben möchten. Die Intimsphäre ist jederzeit geschützt. Auch hier gilt, dass die Regie bei den Betroffenen liegt. In der Gruppe der 5 – 8-jährigen Kinder, unsere »Youngsters«, wurden die Eltern einzeln von ihrem Kind in die Mitte des Raumes eingeladen. Alle anderen Teilnehmer saßen im Kreis, nahmen so sichtbar und spürbar jedes einzelne Kind mit Mutter oder Vater – oder mit beiden – in ihren liebevollen Schutz und in ihre aufmerksame Obhut. Auf dem Teppich sitzend stellte dann das Kind in der Mitte den Eltern sein Familienbild vor, das es gemalt hatte, und in dem es von seinen Hoffnungen und Nöten erzählt. Alle, die an dieser Austauschbegegnung teilnahmen, waren berührt von der besonderen Atmosphäre, aber auch von der Souveränität und der inneren Kompetenz dieser kleinen Menschen, die so viel Größe haben.

Es ist *Ria van Heesch,* der wir und vor allem unzählige trauernde Familien diese besonderen Erfahrungen mit Geschwisterkindern zu verdanken haben. Ria, Kinder- und Jugendlichenpsychotherapeutin aus den Niederlanden, ist uns allen, die wir im Team bei den Trauerseminaren zusammenarbeiten, zu einem großen Vorbild geworden. Ihre ungeteilte Hinwendung zu den Geschwistern, ihre sensible Wahrnehmung der Familienzusammenhänge und besonders ihre jahrzehntelange praktische Erfahrung in der Maltherapie – in der Arbeit mit dem Unbewussten, das in den Bildern sichtbar wird – ist beeindruckend und einzigartig. Sie schöpft aus einem reichen Fundus an Fachkompetenz und Lebenserfahrung, beides bringt sie auf die ihr eigene bescheidene Wesensart in unsere gemeinsame Arbeit zum Wohle der Kinder ein. Von einer Erfahrung, die wir mit Ria machten, möchte ich an dieser Stelle berichten. Sie steht exemplarisch für ihre Haltung und Einstellung den trauernden Geschwistern gegenüber, die sie in ihren Bedürfnissen und Wahrnehmungen immer sehr ernst nimmt.

Ein knapp 5-jähriger Junge wollte nach der ersten Gruppenerfahrung am nächsten Morgen nicht in die Kindergruppe gehen: »Zu der Frau geh ich nie wieder!« Der Kleine wurde von seinem Vater nach dem Grund seiner Verweigerung gefragt. »Sie hat eine Biene tot geschlagen!« Gemeinsam gingen Vater und Sohn zu Ria. Sie hörte sich den Kummer des kleinen Jungen an. »Ja, du hast Recht, Hannes. Das ist wirklich unmöglich von mir. Wahrscheinlich hatte ich Angst, dass die Biene euch stechen würde. Aber es stimmt, das ist kein Grund, sie zu töten. Ich hätte sie auch irgendwie hinausschaffen können. – Wo hab ich sie denn hingetan?« »In den Papierkorb!« »Wir suchen sie.« Als Ria zwischen Papier und Abfall die tote Biene gefunden hatte, fragte sie weiter: »Und jetzt?« »Jetzt beerdigen wir sie natürlich« meinte der Junge. »Und wie machen wir das, Hannes?« »Wir suchen was, wo sie reinkommt.« Mit den Kindern im Schlepptau fand Ria in einer Abstellkammer einen Blumentopf, den die Kinder als Sarg für die Biene geeignet fanden.

Liebevoll wurde das kleine tote Tier »zur Ruhe gebettet«. Und dann – ich glaubte meinen Augen kaum und mit mir meine Elterngruppe – sahen wir durch die großen Fenster-scheiben eine beeindruckende, anrührende Prozession: allen voran mit ernstem, feierlichen Gesichtsausdruck Hannes mit dem Blumentopf-Sarg und dann Ria mit den Kindern ... Sie zogen in den Segeberger Wald, suchten dort gemeinsam einen geeigneten Grabplatz und beerdigten die tote Biene. Was in der Gruppe folgte, war ein Sich-Erinnern, ein Aufarbeiten der Geschehnisse um den Tod und die Beerdigung herum. Die Kin-der, die bei der Beerdigung des toten Geschwisters dabei gewe-sen waren, konnten noch einmal nachvollziehen, was dort geschehen war. Und die Kinder, die nicht an der Beerdigung teilgenommen hatten, konnten die versäumte Erfahrung gewissermassen nachholen.

Uwe Sanneck und *Marie-Thérèse Schins* sind in Bad Sege-berg das »Dream-Team« für die 13-17-jährigen. Junge Men-schen in der Pubertät zu begleiten ist schon eine kräftezeh-rende Aufgabe per se – sie in diesem Alter in Trauerprozessen zu begleiten ist eine Herausforderung!

In Gesprächen, mit kreativen Methoden wie Malen, Arbeiten mit Ton, Schreibwerkstätten, geleiteter Meditation und der Beschäftigung mit Literatur werden die Jugendlichen von den beiden darin unterstützt, in Kontakt zu kommen mit ihren Gefühlen, besonders mit den ambivalenten Gefühlen im Zusammenhang mit dem Tod des Geschwisters und der Trauer der Eltern. Die Begegnungssituationen am Ende des Seminars mit diesen Jugendlichen und ihren Eltern, die immer von mir zusammen mit einer Kollegin in der Gruppenarbeit begleitet werden, sind von besonderer Eindrücklichkeit. Unter der behutsamen Anleitung von Uwe Sanneck gelingt es, jungen Menschen, die sich eigentlich in der Ablösungsphase von ihren Eltern befinden, eine neue zaghafte Annäherung an ihre Müt-ter und Väter zu ermöglichen.

Ich möchte an dieser Stelle nur eine Anfangssituation in einer solchen Begegnung beschreiben: Auf der einen Seite des Gruppenraumes sitzen die Jugendlichen auf dem Boden, auf der anderen – ihnen gegenüber – die Eltern. Viel Freiraum dazwischen – freier Raum, der Voraussetzung für ein »Aufeinander-Zugehen« ist. Die Annäherung beginnt zunächst nur über den Blickkontakt mit den einleitenden Worten von Uwe: »Liebe Eltern, von Herzen willkommen bei uns, in diesem Raum, in dem eure Kinder in den vergangenen Tagen viel erlebt und erfahren haben. Sie haben erzählt von sich und nachgedacht über euch. – Schaut sie an, seht sie genau an. Sie sind kostbare Geschenke. Sonnenstrahlen in eurem Leben. Sie sind einmalig und einzigartig. Auch wenn es manchmal schwierig ist mit ihnen, sie lieben euch ...« – Nach einer Weile der Stille, in der das innere Berührtsein atmosphärisch spürbar ist, werden die Jugendlichen angesprochen: »Da drüben sitzen eure Eltern, eure Mütter und Väter – sie haben sich an diesem Wochenende ausgetauscht mit anderen Eltern, aber über die meiste Zeit hinweg haben sie sich mit euch beschäftigt. – Seht sie euch an, schaut genau hin. Das sind eure Eltern – andere gibt es nicht. Sie sind einmalig und einzigartig. Auch wenn es manchmal schwierig ist mit ihnen, weil sie sich so sehr um euch sorgen, sie lieben euch ...«

Die weitere Entwicklung der Begegnung dauert über eine Stunde, in der unter begleitender Anleitung Annäherung und Austausch möglich wird – bis hin zur körperlichen Berührung, Umarmung – aber nur, wenn die Familien das wünschen. Die Teilnehmer bestimmen das Maß der Nähe beziehungsweise der Distanz.

Vielleicht mag dem einen oder anderen Leser in diesem Beitrag über Geschwistertrauer ein Kapitel über »die Entwicklung des Todeskonzeptes bei Kindern« fehlen, das heißt: wie sieht es wann aus, welche kognitiven Voraussetzungen benötigt ein Kind, um eine Vorstellung vom natürlichen Tod aufzubauen usw. ... Ehrlich gesagt: ich hatte keine Lust dazu. Nicht, dass ich es für gänzlich unwichtig halte, darüber informiert zu sein. Aber zum einen finden sich die Todeskonzepte von Kindern in allen Büchern, die im Anhang aufgenommen sind, und zum anderen geht es mir damit wie mit den Trauerphasen: die höchste Aufmerksamkeit sollte den kleinen wie den großen Menschen in ihrem jeweiligen »So-Sein« entgegengebracht werden. Wenn Kinder in ihrer Trauer wahrgenommen werden (was voraussetzt, dass die Menschen, die sie begleiten, sich mit Tod und Trauer beschäftigt haben), ihre Fragen gehört und ihre Gefühle in allen Facetten liebevoll angenommen werden, dann darf man getrost darauf hoffen, dass ihr *Trauer-Weg in gute Lebens – Bahnen* führt.

Das spüre ich auch bei *Katharina Köster,* die in dem folgenden Beitrag von ihrer Trauer um ihren kleinen Bruder schreibt. Katharina erlebt das ganze Gefühlschaos eines heranwachsenden jungen Menschen, das sich in der Trauer noch multipliziert. Und – sie hat eine Möglichkeit, eine Ausdrucksform gefunden, dieses Gefühlschaos für sich zu ordnen: Katharina schreibt. Am Anfang war das Wort ... Sie schreibt Tagebuch, sie schreibt die Kurzgeschichte »Ein kleines Wunder« über den Tod ihres Bruders und gewinnt damit den Literaturpreis Grüner Lorbeer und ein Stipendium im Förderprogramm der Eckenrodt-Stiftung. Sie schreibt in dem neuen Buch von Marie Thérèse Schins »Und wenn ich falle? Vom Mut, traurig zu sein« und sie schreibt für dieses Buch.

Ich wünsche mir, dass wir Erwachsene – als Eltern, Lehrer, Pastoren, Freunde – uns durch ihren Beitrag wieder neu ermutigt fühlen, den *Dialog mit der Jugend* aufzunehmen. Für den Text von *Hanns Dieter Hüsch* bin ich wieder und wieder dankbar.

Wer einen Dialog
Herbeiführen will
Muss sich herablassen
Herabneigen
Von sich absehen
Sich zuwenden und zuneigen
Muss nicht besitzen wollen
Darf nicht besitzergreifend sein
Nur wenig Vorschriften machen
Besser keine
Gelegentlich vorsichtig
Empfehlungen anbieten
Unsichtbar die Hand darüber halten
Unhörbar anders denken
Sich nicht als Erwachsener aufspielen
Fehler nicht gleich als Schande empfinden
Irrtümer gestatten
Dennoch das Recht haben sich Sorgen
Machen zu dürfen
Kummer aufzuspüren und teilen
Sich wechselseitig erziehen
Sich gegenseitig ernst nehmen
Zusammen essen und trinken
Die Fantasie fördern
Ungeduld kreativieren
Aufbegehren durchhalten
Zusammen traurig sein
Nicht immer alles besser wissen
Am besten nichts besser wissen
Sondern trösten
Ratlosigkeit teilen
Wärme herstellen
Bindungen spüren lassen
Liebe

Wer einen Dialog mit der Jugend
Führen will
Muss aber diese Anstrengungen
in besonderem Maße auf sich nehmen
Muss all diese Tugenden

Geschwistertrauer

Böhnert

29.06.07

Doppelt und dreifach handhaben
Mit der winzigen Hoffnung
Dass die Jugend mit der Jugend
Die unweigerlich nach ihr kommt
Ähnlich umgehen wird
Wer aber keinen Dialog
Mehr führen will
Und meint
Seine Generation wäre die einzige
Auf der Welt
Danach käme nichts mehr
Und davor wäre auch nichts gewesen
Dem ist anscheinend alle Würde des
Menschen
Abhanden gekommen
In dem ist dann wohl kein langer Atem
Weder Furcht noch Fantasie
Der befiehlt nur noch
Verordnet kontrolliert
Erzieht drastisch
Kalt und ohne Religion
Unpolitisch und ohne Bindung

Dies ist schon bei vielen der Fall
Und kann uns allen geschehen
Den Alten und auch den Jungen
Wenn wir nicht mehr miteinander reden
Streiten Essen Pläne machen
Uns an die Hand nehmen
Uns umarmen

Lebe-Wesen die wir sind
Verloren die wir sind
Wenn wir uns nicht mehr umarmen können
und Frieden machen

Hanns Dieter Hüsch

Trauer
einer Schwester

Sterne können anders leuchten

Katharina Köster

Wenn ich aus dem Fenster gucke, sehe ich die Sonne scheinen. In warmen Strahlen ergießt sie sich jauchzend über dem prallen Leben. Ich sehe den wolkenlosen Himmel, ein Vogel fliegt vorbei. Einer? Tausende! Hier und da fliegen sie, durch Blätter, Bäume, Höhen, Tiefen, hin und her bis in weite Ferne.

Oder ich sehe durch das Fenster den kalten, klirrenden Frost, das unbezwingbare Eis, den einhüllenden knirschenden Schnee, der sich hart um die kahlen Äste schließt. Alles eingefroren, verlassen, an- und festgehalten.

Zumindest nehme ich es wahr. Zumindest sehe ich etwas. Das ist der Unterschied zu meiner Trauer vor zwei Jahren. Da hätte ich nicht sagen können, wie etwas aussieht. Da konnte ich sehen, ohne etwas wahrzunehmen. Leben, ohne zu existieren. Fühlen, ganz ohne eine Stimmung. Tun, ohne zu wissen was, warum und ob überhaupt. Ich wusste nicht, ob in mir Sommer oder Winter war. Es war ein Zustand, nicht mehr und nicht weniger. Der Zustand nach dem Tod meines Bruders. Sebastian, der nur fünf Wochen alt werden durfte. Alles liegt unter einem dichten Schleier. Unter einer Decke, die ich jetzt nicht mehr öffnen will oder zu öffnen wage. Mein Zustand war hoffnungslos, mein Leben sinnlos, mein Handeln zwecklos. Ich bin in die Schule gegangen; habe meine Hausaufgaben gemacht; habe ordentlich gelernt; bin nachmittags zum Ballett gegangen; habe trainiert, hart, was man von mir verlangte; war zu Hause; habe gegessen; habe getrunken; habe mich mit Freunden getroffen; habe geweint; habe gelacht; habe gelesen; habe geschlafen... Aber was ich getan habe, weiß ich nicht wirklich. Nur eine Erinnerung hat sich in mir festgebrannt.

Am Abend nach seinem Tod liege ich im Bett, die Hände gefaltet, und will für ihn beten. Das habe ich fast das ganze letzte Jahr jeden Abend getan. Gebetet, voll Hingabe, voll Verzweiflung, nur für ihn und sein Leben. Mein einziger Wunsch war, dass er über- lebt. Meine einzige Bitte. Der Sinn meines Lebens. Und nun liege ich da, die Hände gefaltet. Ich liege da, einige Sekunden lang, erschrocken, geschockt, leer. Was ist mit mir und meinem Leben los? Für was will ich überhaupt beten? Es gibt nichts mehr, für das es sich zu beten lohnen würde. Man hat mich alleine gelassen. Gott hat mich alleine gelassen. Ich bin verarscht worden. Verarscht von Gott.

Aber wenn man selbst nicht weiß, wie man mit sich umgehen soll, trifft es am Schlimmsten, wie andere Menschen mit einem umgehen. Menschen, die man kennt und vielleicht so- gar mag.

»Verena, hast du das schon mitbekommen? Einem Typen von unse- rer Schule ist der Vater gestorben! Weißt du, der, der eine Klasse höher geht, mit den schwarzen Locken und dem bunten Eastpack!«, meint Johanna mit einem Seitenblick auf mich. Wir haben uns in letzter Zeit nicht sonderlich gut verstanden. Aber gestern ist mein Bruder gestorben, und sie haben darüber noch kein Wort mir gegen- über verloren.

»Was?«, Verena reißt den Mund auf. Ich kann es nicht sehen, wenn sie tut, als ob sie das mitnehmen würde. Nur um mir zu zeigen, dass ich ihr egal bin.

»Der Vater ist gestorben? Oh Gott, wie es dem jetzt wohl gehen muss!« Sie schüttelt übertrieben den Kopf.

»Ja, ich denke auch schon die ganze Zeit an ihn, er tut mir so wahn- sinnig Leid!«, betont Johanna. Ich sitze neben ihnen, kann nicht weg, versuche aus dem Fenster zu gucken.

»Warum musste ausgerechnet ihm sowas passieren, das ist doch total ungerecht! Warum nicht einfach jemand anderem?«... Und so geht das weiter.

Die beiden wissen wahrscheinlich gar nicht, was sie damals in mir angerichtet haben. Es tut immer noch weh. Zerstritten, schön und gut – aber das war keine Art und Weise, mich fertig zu machen oder mir eins auszuwischen, damit haben sie mich zerstört und niedergetrampelt.

Ich schreibe eine Geschichte über meinen Bruder, um mir selbst darüber klar zu werden, was überhaupt passiert ist. Und mit dieser Geschichte gewinne ich bei einem Wettbewerb. Ich weiß nicht, wie ich damit umgehen soll. Es tut mir weh, ausgerechnet mit dieser Geschichte gewonnen zu haben. Natürlich macht es schnell die Runde in meiner Klasse und es wird der Wunsch laut, dass ich die Geschichte vorlese. Das will ich auf keinen Fall. Nicht vor meiner Klasse, vor Leuten, die mich kennen. Nicht vor denen meine Gefühle offenbaren. Nicht mein allertiefstes und verletzliches Inneres. Nicht meinen Bruder. Und vor allem nicht unvorbereitet und sofort. Das würde ich nicht schaffen. Aber das versteht niemand. Sie wollen, dass ich lese. Und ich habe weniger Kraft abzusagen als zu lesen. Also lese ich. Mit zittriger Stimme, Stück für Stück, diese Geschichte, mein Leben, jedes Bild zu jedem Wort vor Augen. Ich lese. Es ist die Hölle. Ohne zu weinen lese ich. Hinterher ist Stille. Einige haben Tränen in den Augen. So, war es das, was ihr wolltet? Ich bin fertig. Aber ich habe zum ersten Mal das Gefühl, dass ich von ihnen für einen kurzen Augenblick verstanden werde. Für einen ganz kurzen Augenblick. Bis zu dieser Frage: »Wie kannst du so subjektiv behaupten, dass die Ärzte was falsch gemacht hätten?« Das ist also das Verständnis, dass sie mir entgegenbringen.

Wie kann ich nur so unverschämt sein und den Tod meines Bruders subjektiv wahrnehmen?

Aber so war es schon immer – wer nicht selbst jemanden verloren hat, wird sich niemals vorstellen können, wie sich das anfühlt. Ich kann mit Sicherheit behaupten, dass sich durch Sebastians Tod mein Horizont extrem erweitert hat, dass ich viel mehr Tiefe für mein Leben gewonnen habe, viel besser mit meinen Mitmenschen umzugehen erlernt habe. Aber ich wünsche niemandem diese Erfahrung. Denn der Preis dafür ist viel zu hoch.

Ich wünschte, wir würden in der Familie ein gesundes Maß an Zuneigung zueinander, Abhängigkeit voneinander und Frieden miteinander finden. Denn Trauer wirkt sich auf jeden Menschen unterschiedlich aus, weckt verschiedene Bedürfnisse. Und so kommen wir uns durch sie manchmal näher, entfernen uns aber auch wieder voneinander. Es ist sehr schwierig, richtig miteinander umzugehen. Gefühle sind sehr vielseitig und extrem. Und man muss lernen, mit allen von ihnen umzugehen. Aber wie? Ich konnte sie zeitweise noch nicht einmal zuordnen.

Es ist ein sehr schwieriger und ewig langer Weg. Nicht selten fehlt mir der Wille, ihn überhaupt durchzuhalten. Unüberlegte Kommentare und blöde Witze geben mir in solchen Situationen dann den Rest.

Wie sollte ich mit mir und meinen Erlebnissen klarkommen? Einen großen Teil meiner Trauer machte aus, dass ich nicht weinen konnte und wollte. Vielleicht dachte ich, damit eine nur noch größere Schmerzwelle über mich hinwegbrechen zu lassen. Dementsprechend habe ich lange Zeit in der Schule gesessen. Unauffällig. Ich habe gut mitgearbeitet und niemand hat wirklich etwas von mir mitbekommen. Meine Gefühle waren sicher verschlossen. Aber ich war unendlich müde. Das war nicht mehr ich, die da gesessen hat. Aber wer sich nicht wirklich für mich interessiert hat, wird das wohl kaum bemerkt haben. So verlief die Zeit. Ich verlief mich in der Zeit. Meine Freundin Lisa hat mir erzählt, dass es eine Zeit war, in der ich nie gelächelt habe. Ich war einfach nur todtraurig. Ohne wirklich zu sehen, was mich traurig machte. Umschleiert. Mir war egal, wie ich auf die Leute wirkte. Ich war einfach nur unendlich enttäuscht von meinem Leben. Von der Tatsache, dass es diese kleine heile Welt, in der ich mich geborgen glaubte, nicht gab. Und von den Menschen um mich herum, die ich für meine Freunde gehalten hatte.

Inzwischen habe ich gelernt, dass mir die Menschen, die mich nicht verstehen wollen, egal sein können. Denn mit ihnen werde ich nie wirklich etwas anfangen oder zusammen durchstehen können. Spaß haben kann ich auch mit den Menschen, denen ich etwas bedeute. Und die in mir nicht nur den Pausenclown, Partyrumzieher und die Stimmungskanone sehen. Deshalb lege ich im Moment auch viel Wert darauf, was Menschen mir zu meinem Bruder zu sagen haben, wenn ich mir eine Meinung über sie bilden will. Das ist wie ein Test für mich, mit dem ich meine wahren Freunde erkennen kann. Vielleicht tut das manchmal weh und der Freundeskreis schmälert sich dadurch auch enorm, aber so ist es besser.

>»Was, sie haben ihm bei der OP den Brustkorb aufgeschnitten? Hör bloß auf damit, mir wird gleich schlecht. Ist ja eklig!«.

Es tut sehr weh, so etwas zu hören. Vor allem, wenn es von einem Menschen kommt, dem man vertraut hat. Grausam und schrecklich ist es vielleicht, was sie mit meinem Bruder machen mussten, aber ist mein Bruder eklig?

>»Das tut mir echt Leid mit deinem Bruder. Aber es war ja Gott sei Dank nur ein Baby!«

Nach seinem Tod hatte ich also eine Decke um mein Dasein gewickelt. Enttäuscht habe ich mich vor meinem Leben zurückgezogen. Verkrochen. Ohne mich darum zu kümmern, wie mein Leben jemals weitergehen könnte. Dann kamen die Trauerseminare in Bad Segeberg. Anfangs wollte ich unter keinen Umständen dorthin. »Trauerseminar«, allein dieses Wort! In meinen Ohren klang das nach Kloß im Hals, verzweifelt Tränen unterdrücken und stundenlang in seinem Schmerz herumreiten müssen. Meine Mutter war es, die mich mehr oder weniger dorthin gezwungen hat. Und dann plötzlich die Erfahrung, dass man auch mit Trauer leben kann. Dass es andere Menschen gibt, die ähnlich fühlen. Das alles war völlig neu für mich. Nie hätte ich gedacht, dass man sich so wunderbar mit Menschen unterhalten kann. Plötzlich war es selbstverständlich, dass ich weinen konnte, dass es mir dann besser ging, plötzlich hatte ich das Gefühl wirklich verstanden zu werden. Und nicht nur schwarz gekleidete Personen, die traurig und verständnisvoll mit dem Kopf nickten, wenn man etwas sagte. Ich hätte ewig dort bleiben können. Aber es gibt noch ein »Draußen«, und auch dort muss man klarkommen. Ohne Verständnis. Der Trauerweg dauert lange und ist sehr hart. Es dauert, bis man versteht, worauf man sich konzentrieren muss und man lernt ständig dazu. Nach meiner »Zeit des Vergrabens« kam die »überdrehte Zeit«. Oder sagen wir »die Zeit der Maske«. Ich habe mich versteckt, war wahnsinnig aufgedreht, unkontrolliert albern und hatte ein Dauergrinsen auf dem Gesicht. Ich glaube, meinen Freunden gefiel das. Einfach, weil sie so eher wussten, wie sie mit mir umgehen sollten. Und ich habe mich vor mir selbst versteckt.

»Endlich lachst du wieder! So gefällst du mir viel besser!«, meint Lisa. Ich erschrecke. Bin ich denn jetzt eine andere? Habe ich mich in meiner Trauer verändert? Will ich denn überhaupt so sein? Eigentlich ja nicht.

Ich wusste immer noch nicht, wie ich mit meinen Gefühlen umgehen sollte und ich glaube, das fiel mir in diesem Augenblick auf.

Trotzdem habe ich immer insofern zu meiner Trauer gestanden, als dass ich mir nichts habe vorschreiben lassen.

Wir sollen im Religionsunterricht erzählen, wie wir uns unseren Tod wünschen.

»Nach einem tollen Tag, an dem man das Leben noch einmal so richtig auskosten konnte und glückliche Stunden im Kreise der Familie verbracht hat, friedlich einschlafen. Mit allem, was einem wichtig ist, in Ruhe abschließen. Hauptsache ohne Schmerzen und lange Krankheit.« Mir kommt es vor wie in einem Film. Was reden die hier? Ich werde gefragt.

»Mir ist mein Tod absolut egal.«, sage ich. »Tod ist, wenn man etwas verliert. Wenn man selbst geht, ist das Leben. Ich würde, wenn ich an meinen Tod denke, nur darauf achten, dass ich es den

Menschen um mich herum so »einfach« wie möglich mache.« Nachdem ich das gesagt habe, herrscht betretenes Schweigen. Das kann niemand verstehen. Warum denke ich nicht an mich selbst? Ich habe meinen Bruder sterben sehen, und ich glaube, dass der Tod für ihn lange nicht so schlimm war wie für uns.

Gerade in der Schule spielten und spielen sich immer noch die meisten Situationen ab, in denen keine Rücksicht auf Trauernde genommen wird. Keiner hat eine Ahnung, wie er mit ihnen umgehen soll. Wir behandeln Themen wie Sterbehilfe, Abtreibung, Selbstmord als Unterrichtsstoff.

»Hast du schon einmal daran gedacht, dich umzubringen und hast du es schon versucht?« Diese Frage dürfen wir auf einem Blatt Papier beantworten. Dann wird das Ganze eingesammelt und an der Tafel ausgewertet, der Lehrer lächelt hilflos in die Klasse, und wir gehen zum nächsten Thema über.

Mit solchen Dingen kann ich nur sehr schwer umgehen. Es macht mich wütend und traurig. Was wäre gewesen, wenn ich nicht stark genug gewesen wäre, das mitzumachen?

»Meinst du, ich kann jetzt noch eine Apfelsaftschorle trinken, oder kriege ich davon Blähungen?«

»Ich habe 'ne Fünf, meine Mutter bringt mich um!«

»Was soll ich dem Steffen denn bloß schreiben? Lass dir doch was einfallen, du kannst das doch so gut!«

Manchmal können mich solche Probleme zum Wahnsinn treiben. Vielleicht habe ich deshalb früher einfach abgeschaltet, weil ich das Alltägliche nicht mehr ertragen konnte. Das alltägliche Unüberlegte, das oft Situationen mit sich bringt, die mir richtig wehtun.

»Mein Bruder kotzt mich sowas von an, manchmal wünschte ich echt, der wäre tot!«, meint Johanna. Wie kann sie so etwas sagen?

»Sei doch froh, dass du deinen Bruder noch hast! Glaubst du wirklich, dass dir das nichts ausmachen würde, wenn er tot wäre?«, ich schlucke.

»Das würde mir überhaupt nichts ausmachen.«, erwidert sie motzig.

Das ist diese Oberflächlichkeit, die ich nicht ertragen kann.

Sie weiß genau, dass mein Bruder tot ist und kümmert sich trotzdem nicht drum, was sie mir gegenüber sagt.

Aber immer wieder wird man mit solchen Situationen konfrontiert, mit Menschen, die nicht wissen, was sie sagen. Es muss noch nicht einmal Absicht sein.

Ich treffe eine alte Lehrerin wieder. Sie hatte mich in meiner Trauer immer akzeptiert und bei ihr habe ich mich verstanden gefühlt.

»Weißt du noch, damals, als dein Bruder gestorben war...«, so fängt sie an. Peng! Sie redete von damals. Damals war mein Bruder gestorben. Damals war mein Bruder tot. Jetzt ist das anders, oder wie? Vielleicht ändert sich die Trauer mit der Zeit, aber doch nicht die Tatsache, dass jemand gestorben ist?!?

Das sind Situationen, die man nicht erwartet.

Ich sitze in der Schulkapelle zum Gottesdienst. Das ist nichts Außergewöhnliches, hat mich nie sonderlich bewegt. Aber jetzt sitze ich da und sehe die vielen Schüler um mich herum. Sie quatschen, lachen, albern herum und kümmern sich nicht um den Gottesdienst. Das ist eigentlich auch normal so. Aber ich gehöre nicht zu ihnen. Vorne steht der Pfarrer.

»Wir gedenken auch der Brüder und Schwestern, die von uns gegangen sind, in der Hoffnung, dass sie auferstehen ...«, sagt er. Mein Gesicht fühlt sich steinern an, die Haut spannt mir im Gesicht. Keine Regung. Ich höre seine Stimme, höre das, was er sagt und sehe die vielen lachenden Gesichter um mich herum, die das gar nicht zu kümmern scheint. Er redet vom Tod und um mich herum läuft das Leben weiter. Starr sitze ich da. Wie können die nur so fröhlich sein? Ich spüre einen dicken Kloß im Hals. Nein, doch nicht hier, vor allen ...? Ich schlucke krampfhaft, schließe die Augen. Spüre, wie sich Tränen aus meinen Augenlidern pressen und auf meiner Haut kühl und feucht herunterperlen. Was ist auf einmal mit mir los? Das hatte ich doch noch nie, das ist mir doch noch nie im Gottesdienst passiert? Mir läuft die Nase, ich schluchze auf. Ach egal, die anderen können mich mal. Sollen sie doch sehen, dass es mir scheiße geht. Da vorne steht der Pfarrer und

spricht von meinem Bruder. Und um mich herum geht dieses ver-
dammte Leben weiter, als wäre nichts geschehen. Ich kann dieses
Leben sehen, spüren, hören, nichts lässt sich anhalten. Ich beiße
mir auf die Lippe. Es hat keinen Sinn, ich muss mir ein Taschen-
tuch geben lassen. Ich öffne die Augen und versuche mit der Hand-
fläche die Tränen weg zu wischen. Erschrocken und besorgt sieht
mich Lisa an. Was ist passiert? Ja, was ist mit mir auf einmal
passiert? Ich weine. Mir ist egal, was die anderen von mir denken.
Ich weine einfach. Und es tut verdammt gut. Das ist meine Sache.
Ich habe es endlich geschafft zu weinen. Diese Starre ist von mir
gefallen. Ich habe gelernt zu weinen. Ich war stark genug meinen
Schmerz herauszulassen. Vor allen, die das nicht verstehen. Ich
habe gelernt, dass Weinen in der Trauer ein Fortschritt ist und
kein Rückschritt.

Manchmal denke ich, dass es vielleicht wirklich so sein muss,
dass Menschen sterben. Auch wenn uns das unnötig erscheint.
Es muss einfach einen Sinn haben, sonst würde es nicht
geschehen. Und dann gehe ich in einen Trauergottesdienst in
Bad Segeberg oder Mainz. Und ich sehe viele Menschen.
Schrecklich viele Menschen, die dastehen oder sitzen und weinen. Schrecklich weinen. Menschen, denen man den Sinn
ihres Lebens genommen hat, denen man alles genommen hat,
was sie hatten. Menschen, die um ihr Glück betrogen wurden.
So viel Verzweiflung, so viel Schmerz auf so wenig Raum. Und
am Altar stehen Kerzen. Viele Kerzen. Sie scheinen hell. Jede
einzelne Kerze für ein Kind. So viele Kinder! Nein, so viel
Grausamkeit, so viel Schmerz, Leid, so viel zerstört, das kann
keinen Sinn haben. Nie. Es macht mich wütend, wahnsinnig
wütend. Muss das wirklich sein? Warum? Kann das überhaupt
sein müssen? Nie! Und wir müssen sie tragen, diese ungeheu-
re Last des Lebens. Ich kann mir darüber den Kopf zerbrechen, aber es hat keinen Sinn. Ich werde es nicht erfahren. Das
quälende Warum wird bleiben.

Dieses Warum, es überkommt mich in Phasen. Meistens
nachts im Bett. Es gibt monatelang Nächte, in denen ich mich

weinend in den Schlaf wälze, meinen Tränen einfach freien Lauf lasse. Es gibt Nächte, in denen mich Gedanken verfolgen, Erinnerungen und Bilder so lebendig einholen und mich so lange nicht in Ruhe lassen, bis ich die Nachttischlampe neben meinem Bett angeknipst und alles aufgeschrieben habe. Und das kann sich dann die ganze Nacht lang wiederholen. Aber ich lasse es einfach geschehen. Hauptsache meine Familie bekommt nichts mit. Sie sollen sich nicht auch noch Sorgen um mich machen müssen. Außerdem will ich allein sein. Irgendwann ist es dann plötzlich wieder gut, ich schlafe ruhig ein. Eine neue Phase. Genauso gibt es Tage, an denen ich unbedingt ständig sein Foto vor mir liegen haben möchte. Dann lege ich es in der Schule eben auf den Tisch. Das ist meine Sache, da braucht niemand blöd zu gucken. Meine Trauer läuft in Phasen. Nicht gut oder schlecht, sondern mehr oder weniger intensiv. Sommer oder Winter. Das merke ich dann.

An den zweiten Todestag meines Bruders hat niemand gedacht. Nicht einmal meine engsten Freunde. Ich nehme ihnen das ganz bestimmt nicht übel, denn ich hätte es niemals von ihnen erwartet oder verlangt. Nur gewünscht. Aber dann kommt eine Lehrerin zu mir und sagt, dass sie an uns gedacht hätte. Ein Mensch, von dem ich es noch viel weniger erwartet hätte. Und ich bin ihm sehr dankbar dafür. Ein einziges Wort kann so viel helfen.

Ja, trotz all der negativen Erfahrungen und Gefühle in meiner Trauer gab es auch Momente des Glücks. Ich kann sie noch nicht einmal einordnen, plötzlich sind sie da. Wenn mich jemand in den Arm nimmt, oder wenn ich an meinen Bruder denke.

Ich gehe den Strand entlang, spüre den Sand zwischen den Zehen und betrachte die Sterne. Sie leuchten zwar weit weg, aber trotzdem ganz nah bei mir. Mir ist warm. Das Meer rauscht friedlich und scheint leise zu lachen. Und ich weiß, irgendwo dort oben ist er. Mein kleiner Bruder. Irgendwo dort oben leuchtet er. Das macht mich glücklich. Er ist etwas ganz Besonderes. Weil er zu uns gehört,

weil ich ihn liebe, weil er uns allen schon um Längen voraus ist.
Und weil ich als große Schwester für das alles unendlich stolz auf
ihn bin! Ich sehe nach oben und beginne zu tanzen, ganz frei, ganz
weit, ganz glücklich.

Katharina Köster; geb. 1986; Gymnasiastin; lebt mit ihren Eltern und zwei Schwestern in der Nähe von Frankfurt; nach dem Tod ihres Bruders Sebastian hat sie mehrere Male an den Segeberger Trauerseminaren teilgenommen, um sich mit ihrer Trauer auseinander zu setzen; sie liest und schreibt viel, u. a. hat sie den Literaturpreis »Grüner Lorbeer« für die Kurzgeschichte »Ein kleines Wunder«, die vom Tod ihres Bruders handelt, erhalten.

Mit Ritualen leben heißt nicht Asche aufheben, sondern eine Flamme am Brennen halten

Anja Wiese

»Weihnachten 1918 ist alles sehr schwer« schreibt *Sabine Leibholz-Bonhoeffer,* die Zwillingsschwester von Dietrich Bonhoeffer, in ihrem Buch *Weihnachten im Hause Bonhoeffer.* »Unser Bruder Walter fehlt. Er, der zweitälteste Sohn meiner Eltern, ist am 28. April 1918 als achtzehnjähriger Fahnenjunker im Westen gefallen. Eine schreckliche Lücke (...) ist nun da und sie bleibt offen. An diesem Weihnachtsnachmittag sagt unsere Mutter: ›Wir wollen nachher hinübergehen‹ Das Hinübergehen heißt, wir gehen alle auf den Friedhof. (...) Mama und Papa sind vorher noch einmal ins Weihnachtszimmer gegangen und haben einen Tannenzweig vom Baum geschnitten mit einem Licht und Lametta und nehmen diesen Weihnachtszweig für das Grab von Walter mit. (...) Auch in den folgenden Jahren ist es zu Weihnachten bei diesem Friedhofsgang geblieben.«

Vor über 80 Jahren hat diese bedeutende Familie nach dem Tod ihres Kindes ein Ritual hervorgebracht, das im wahrsten Wortsinn »eine Flamme am Brennen hält«. Durch das Weihnachtslicht am Tannenzweig wird die Erinnerung an den verstorbenen Sohn sichtbar lebendig gehalten. Zum einen ist es der Familie gelungen, »eine Brücke zu schlagen«, eine Verbindung vom Elternhaus zum Grab herzustellen, – von der diesseitigen zur jenseitigen Welt – den geliebten Verstorbenen in das häusliche Weihnachtsfest zu integrieren. Zum anderen wird durch den abgeschnittenen Zweig am Weihnachtsbaum deutlich: hier fehlt ein Teil des Ganzen, »eine schreckliche Lücke ... und sie bleibt offen« – sichtbar für alle Menschen, die diesen Baum anschauen.

Nie zuvor hatte ich von einem vergleichbaren Trauerritual gelesen oder gehört, das sowohl die Erinnerung des toten Kindes (... eine Flamme am Brennen halten) als auch dem Bedürfnis der Hinterbliebenen, ihren Schmerz zu zeigen (der abgeschnittene Zweig), auf so berührende und beeindruckende Weise gestaltet und gelebt worden ist.

In den vergangenen Jahren durfte ich erleben, wie dankbar trauernde Mütter und Väter, die in unseren Gruppen und Seminaren in ihrer Trauer begleitet werden, für den Hinweis auf dieses besondere Buch und speziell für den Hinweis auf die Gestaltung des Weihnachtsrituals sind. Die Familie Bonhoeffer hat mit ihrem reichen Schatz an Traditionen und Ritualen, die in dem genannten Buch beschrieben sind, viele Spuren auf den Trauerwegen von Müttern und Vätern hinterlassen. Inzwischen leuchten Heiligabend Kerzen an Tannenzweigen auf vielen Kindergräbern in ganz Deutschland. Ich wünsche mir sehr, dass die Familie von Sabine Leibholz-Bonhoeffer eines Tages von ihrem segensreichen Wirken für *die* Menschen erfährt, *die* nach dem Tod eines Kindes unsere Gesellschaft als eher »arm an Segen für Trauernde« erleben.

Der Segen der Trauernden

Gesegnet seien alle,
die mir jetzt nicht ausweichen.
Dankbar bin ich für jeden,
der mir einmal zulächelt
und mir seine Hand reicht,
wenn ich mich verlassen fühle.

Gesegnet seien die,
die mich immer noch besuchen,
obwohl sie Angst haben,
etwas Falsches zu sagen,
Gesegnet seien alle,
die mir erlauben,
von dem Verstorbenen zu sprechen.
Ich möchte meine Erinnerungen

nicht totschweigen.
Ich suche Menschen,
denen ich mitteilen kann,
was mich bewegt.

Gesegnet seien alle,
die mir zuhören,
auch wenn das,
was ich zu sagen habe,
sehr schwer zu ertragen ist.

Gesegnet seien alle,
die mich nicht ändern wollen,
sondern geduldig so annehmen,
wie ich jetzt bin.

Gesegnet seien alle,
die mich trösten
und mir zusichern,
dass Gott mich nicht verlassen hat.

...

Marie-Luise Wölfing

Jedes erste Weihnachtsfest nach dem Tod eines Kindes – und oft auch viele folgende – stellt Eltern vor eine kaum zu bewältigende Aufgabe. Sie fühlen sich ausgegrenzt, nicht dazu gehörend zu einer Zeit, die überwiegend von Kaufrausch, Lamettaglanz und hektischer Betriebsamkeit geprägt ist. Sie erleben Stillstand – inneren Stillstand, der nicht mithalten kann mit der äußeren Geschäftigkeit. Und viele von ihnen erleben auch die »Überprüfung eines Rituals«: Wie gestalteten wir das Weihnachtsfest bisher? Wie kann es verändert – quasi neu geboren – werden (wir feiern die Geburt Jesu!) in diesem Leben »danach«?

Es ist das *Freudenfest,* das die Eltern *leiden* lässt. Es ist die *Geburt* Jesu, die gefeiert werden soll, und die sie kaum mit dem *Sterben* ihres Kindes in Einklang bringen können. Eine »innere Wende«, ein veränderter Blickwinkel, ein Perspektivwechsel im Zusammenhang mit dem Weihnachtsfest ist manchmal möglich, wenn Trauerbegleiter darauf aufmerksam machen, dass die Mutter Maria »eine von ihnen« ist, *die* Schmerzensfrau, die – wie alle trauernden Mütter der Welt – zunächst die Freude der Geburt erleben durfte und später ihren Sohn durch einen grausamen Tod verlor. »Eine von ihnen« – eine Mit-leidende (aus dem Griechischen eleos = Teilnahme am Unglück anderer).

Renate Salzbrenner, die um ihren Sohn Christian trauert, der 1992 im Alter von 27 Jahren durch Freitod gestorben ist, hat diese Solidarität, das Zusammengehörigkeitsgefühl, gespürt, wahr- und aufgenommen, umgesetzt und verarbeitet in ihrem unvergleichbaren Text »An Maria«.

1. Maria,
ich liebe
dein Lächeln,
seit ich
meinen Sohn
verlor.

2. Den ich
in den Armen
hielt wie du
den deinen,
ihn schützend
vor den Gefahren
der Welt.

3. Was fühltest du,
als dein Sohn
diesen Armen
entwuchs?
Als er dich auf
deinen Platz
verwies,
um den seinen
einzunehmen?

4. Was fühltest du,
als der Tod sich
ihm näherte?
dein Sohn starb
für die Welt,
meiner starb
an ihr.

5. Hast auch du
an Gott
gezweifelt,
als du
den Leblosen
hieltest?
Konntest du
den Sinn
seines Sterbens
schmerzlos
begreifen?
War dir
seine Auferstehung
so sicher?

6. Sage mir:
   Wann fandest du
   deinen Frieden
   wieder,
   den ich spüre,
   wenn ich dir
   begegne?
   Der bald
   zweitausend Jahre
   auf dir ruht.
   Bitte hilf,
   dass ich ihn
   finde!

Bitte hilf,
dass ich ihn
finde!

Wenn aber Eltern in ihren Fragen begleitet werden, wenn Gesprächsaustausch angeboten wird und Vorschläge zur Gestaltung zur Diskussion gestellt werden, dann erleben oft wir, die Begleitenden, Erstaunliches und Überraschendes...

Ins Herz geprägt hat sich Wolfgang Teichert und mir die Erfahrung mit 24 trauernden Müttern und Vätern, die an unserer Gruppe zum Thema »Rituale« in einem unserer vier Mal im Jahr stattfindenden Trauerseminare in Bad Segeberg teilnahmen (zu einem der Seminare wird mit Bedacht immer ca. eine Woche vor Weihnachten eingeladen). Zum Thema »Wir entwickeln und feiern miteinander ein vorweihnachtliches Ritual« hatten die TeilnehmerInnen in vier Kleingruppen gearbeitet. Die erste Gruppe beschäftigte sich mit Literatur (Gedichte, Texte, Geschichten), die zweite suchte in der Natur Symbole für »das Alte« und »das Neue«, die dritte stellte Musik zusammen, die einen Bezug zum verstorbenen Kind hat, und die vierte Gruppe schrieb eigene kurze Texte in Erinnerung an das tote Kind.

Anleitung für die kleine Schreibwerkstatt.

Auch Menschen, die Hemmungen haben zu schreiben, können mit dieser Anregung ihre Erfahrungen in sehr verdichteter und kreativer Form ausdrücken. Das vorgegebene Schema erleichtert das Schreiben.

1. Zeile	=	1 Wort
2. Zeile	=	2 Worte
3. Zeile	=	3 Worte
4. Zeile	=	4 Worte
5. Zeile	=	1 Wort

In der Ritual-Feier durften wir alle dann hören, sehen, singen...

- Hören, was Kay im Gedenken an seine Tochter Roxana in eine kurze Textform gebracht hatte. Und hören, was Heike in Erinnerung an ihren Sohn Jan vorlas. Zwei Texte, die hier stellvertretend stehen für 34 weitere aus der Gruppe »Kleine Schreibwerkstatt«, die es alle wert sind, veröffentlicht zu werden.

Du
du bist
ein tiefes Blau
im Himmel meiner Wahl
sternengleich
Kay

Sternenkind
Mondenkind Sonnenkind
Erdenkind Traumkind Himmelskind
Wunschkind Gemütskind Kraftkind Sorgenkind
Etappenkind
Heike

- Sehen, was die scheinbar karge Natur im Dezember an Symbolen für das »Vergangene« und »das Kommende« bereithält, was die Eltern mit »neuen Augen« und verändertem Blick auf die Dinge und die Welt wahrgenommen hatten. Ein zauberhaftes und aussagekräftiges Arrangement aus Borke, Moos, Steinen und Zweigen, das beim Abschlussgottesdienst den Altar in der Kapelle schmückte.

- Hören... das Eröffnungskonzert des Weihnachtsoratoriums von Johann Sebastian Bach, und damit auch fühlen, welche tiefe Bedeutung dieses Werk für *Elisabeth* hat, *die um ihre Kinder Katharina, Thomas und Bettina trauert.* Und auch den Song »Engel« von Marius Müller-Westernhagen hören... und mit *Achim* fühlen, der *seine beiden Kinder Stephan* und *Kathrin* betrauert, mit denen er dieses Lied während der gemeinsamen Autofahrten so oft gehört hatte.

– Singen ... das Lied *»Für Hannes«*, das sein Vater *Helmut in Gedenken an seinen verstorbenen Sohn* geschrieben hat, und das er nach einer Melodie von Reinhard Mey auf der Gitarre begleitete. Und singen auch mit *Margrit,* die um ihre *Tochter Julia* trauert, ein Lied aus dem Evangelischen Gesangbuch »Das Jahr geht still zu Ende«, in dem es unter anderem heißt: »... wird uns durch Grabeshügel der klare Blick verbaut, Herr, gib der Seele Flügel, dass sie hinüberschaut.«

Eine Ritual-Feier, die erahnen ließ, was Rainer Maria Rilke gemeint haben mag, als er schrieb »Gott aber will, dass wir uns wieder finden ... reicher um das Verlorene und vermehrt um jenen unendlichen Schmerz.« Sich wieder finden in einer Welt ohne das geliebte Kind, in einer neuen Zeitrechnung. *Piet,* der um seinen *verstorbenen Sohn* trauert, sagte einmal: »Die Christen teilen ihre Zeit ein in vor Christi Geburt und nach Christi Geburt – für mich gibt es eine Zeit vor *Kilians* Tod und eine danach ...« Sich zurechtfinden (Albert Einstein: »Wir müssen die Welt, in der wir leben, nicht verstehen, sondern uns in ihr zurechtfinden.«) – dabei können Rituale Hilfe und Unterstützung geben.

Ein Ritual ist ein »gleich bleibendes, regelmäßiges Vorgehen nach einer festgelegten Ordnung« (Brockhaus 1998). Ein Ritual lebt von der Wiederbelebung und seiner Wiederholbarkeit. Es muss nicht neu erfunden werden, sondern gerade seine automatische Regelhaftigkeit bietet den teilnehmenden Schutz und hilft ihnen, mit den eigenen chaotischen Gefühlen umzugehen (s. Schwerin, 1993, S. 48). In Riten werden Gefühle und Anteilnahme ausgedrückt und das Gefühl von sozialer Verbundenheit wird so gestärkt (s. Canacakis, 1991, S. 87).

Rituale kontrollieren Erfahrungen, sie sind jedoch zudem in der Lage, als »Formen« sonst »formloser Zustände« (Mary Douglas, amerikanische Sozialanthropologin) soziale Erfahrungen erst zu ermöglichen. Sie bieten sichtbare äußere Zeichen für ambivalente innere Zustände: zum Beispiel für die Mischung aus Wut und Verzweiflung eines trauernden Menschen.

Der belgische Wissenschaftler Arnold van Gennep hat zu Beginn des 20. Jahrhunderts Aussagen über »Rites de passage« – »Übergangsriten« – gemacht. Er teilt die Übergangsriten in drei Phasen ein: Trennung, Liminalität, Wiedereingliederung. Der Begriff ›Liminalität‹ ist von dem lateinischen Wort ›limen‹ abgeleitet, das mit ›Schwelle‹ übersetzt werden kann. Liminalität wird als ein Zustand des »Niemand- und Nirgendwo-Seins« beschrieben. Das Individuum hat eine alte Identität aufgegeben und hat noch keine neue Identität entwickelt (Nijs, S. 23, 24 u. 29)

Mütter, Väter und Geschwister, die an unseren Trauerseminaren teilnehmen, befinden sich meistens in dem oben genannten Zustand des Niemand- und Nirgendwo-Seins. Der Tod eines Kindes stellt das Selbst- und Weltbild in Frage und führt nicht selten zu Identitätsverlust eines jeden Einzelnen. Die Rituale, die wir für Trauernde anbieten, begleiten sie in der Zeit *nach* der Trennung des geliebten Kindes und Geschwisters und *vor* der Wiedereingliederung, der Integration in veränderte Lebens- und Weltbezüge. Das heißt, wir begleiten sie in einer Übergangzeit, an einer Schwelle, die existenziell ist. Trauernde Menschen – auf der Suche nach einer neuen Identität und nach Neuorientierung in allen Lebensbezügen – bedürfen unseres Schutzes, unserer Fürsorge, unseres behutsamen Umgangs mit ihnen. Die Rituale sind dementsprechend geprägt durch Bedürfnisse und Erfahrungen der Trauernden und sollen ihren Ausdruck von Gefühlen und Gedanken ermöglichen, ohne dass diese unkontrolliert die Oberhand gewinnen. Jedes Ritual ist eine bewusst vorbereitete und vollzogene symbolische Handlung, in der Elemente aus überlieferten Ritualen enthalten sein können, die aber auch ohne Anlehnung an Traditionen gestaltet sein kann.

Rituale in der Trauerbegleitung
mit verwaisten Eltern und trauernden Geschwistern

Trauerseminare werden von der Evangelischen Akademie Nordelbien in Zusammenarbeit mit den »Verwaisten Eltern Hamburg« seit Mitte der 80er-Jahre angeboten. Die Konzeption ist immer wieder überdacht und verändert worden – bis hin zu dem heutigen Setting, das sich bewährt und etabliert hat. Bundesweit und darüber hinaus. Familien nehmen weite Anfahrten in Kauf, kommen zum Teil per Nachtzug aus Süddeutschland nach Bad Segeberg, vereinzelt auch aus Luxemburg, Österreich und der Schweiz. Vier Wochenend-Trauerseminare jährlich werden mit jeweils 100 Teilnehmern durchgeführt. Wir arbeiten in einem großen Team mit 16 Mitarbeitern für jedes Seminar. Unsere Mitarbeiter sind ausgebildete Trauerbegleiter, Diplompsychologen sowie Kinder- und Jugendlichenpsychotherapeuten. Wir beginnen jeweils mit einem *Anfangsritual* gemeinsam mit allen Teilnehmern und Teamern. Danach findet die Arbeit in 8 Gruppen mit durchschnittlich 14 Teilnehmern und je 2 Teamern statt. Es gibt 4 Elterngruppen und 4 Geschwistergruppen in den Altersgruppen 5 – 8 Jahre, 9 – 12 Jahre, 13 – 17 Jahre und 1 Gruppe für erwachsene trauernde Geschwister. Für Kleinkinder bis 4 Jahre wird eine Kinderbetreuung angeboten.

Das Seminar endet mit dem *Abschlussritual,* in das das Ausgangsritual integriert ist, sonntags in der Kapelle – wieder zusammen mit allen Teilnehmern und Teamern.

Eine Besonderheit in unserer Arbeit ist, dass eines der 4 Seminare – jeweils das im Sommer – die überlebenden Geschwister in den Mittelpunkt stellt.

Der inhaltliche Ablauf der Wochenenden gliedert sich in vier Arbeitsabschnitte:

1. Raum für die Klage (»Eine ver-hinderte Klage be-hindert Leben«)
2. Selbstwahrnehmung (»Wo stehe ich zur Zeit auf meinem Trauerweg?«)

3. Beziehungen in der Familie (»Nichts ist mehr so, wie es einmal war.«)

4. Ressourcen > Perspektiven (»Wie kann es weitergehen, was nehme ich mit?«)

Wir arbeiten mit Ritualen, weil durch die solidarische Begleitung in der Gemeinschaft der am Ritual Teilnehmenden die Beziehung zum toten Kind und die Neuorientierung in der Familie geklärt werden kann.

Einige Symbole, die Grundlage unserer Rituale waren, möchte ich hier vorstellen mit anschließenden kurzen Erläuterungen zur praktischen Umsetzung.

Brücke

Die Brücke ist das Symbol des Übergangs, und zwar in jeder Beziehung. Immer verbindet sie zwei sonst getrennte Bereiche miteinander, am allgemeinsten das Diesseits mit dem Jenseits.

Sie ist sozusagen die Verbindung von einem Ufer zu dem anderen. Auch die Milchstraße wurde als Brücke angesehen, auf der die Seelen in die andere Welt gehen, ebenso der Regenbogen als der Weg, den die Seelen der Verstorbenen nach dem Tod zu gehen haben. Für eines unserer Trauerseminare haben wir das Brückensymbol gewählt und gemeinsam mit den Teilnehmern überlegt und danach gesucht, was sich als tragfähig erweist nach dem Tod eines Kindes, was hilfreich sein kann, um das Kind in der jenseitigen Welt in das diesseitige Leben der hinterbliebenen Familie auf heilsame Weise zu integrieren.

Praktische Durchführung

In dem großen Begrüßungssaal lagen ca. 80 cm lange und 30 cm breite Holzlatten, die auf dem Teppich von der Mitte aus sternförmig angeordnet waren. Mütter, Väter und Geschwister schrieben mit dicken bunten Stiften den Namen und das Alter des verstorbenen Kindes darauf, viele malten wunderschöne Symbole dazu, die sie mit dem toten Kind verbinden. Nach intensiver Gruppenarbeit zum Thema »Brücke« am Wochenende wurden die Holzlatten zum Abschlussritual am Sonntag in der Kapelle in eine »Hängebrücke« verwandelt: auf zwei langen Leinenbänder aneinandergeklebt, angebunden an zwei mit Baumzweigen verkleideten Sonnenschirmständern.

Hände

Mit der Gebärdensprache der Hände lässt sich eine ganze Skala seelischer Zustände ausdrücken, von Offenheit und Hingabe (Wir berühren einander mit den Händen, wir streicheln, beten und liebkosen) bis hin zur aggressiv geschlossenen Faust. (Wir wehren ab mit den Händen, wir grenzen aus, wir schlagen). In diesem Seminar ist nach dem Verbindenden, dem Zusammenhalt der Familienmitglieder gesucht worden – unter Berücksichtigung der jeweils individuellen Bedürfnisse nach Abgrenzung und Alleinsein. Es ging auch um das Aushalten der unterschiedlichen Trauer eines jeden Familienmitgliedes.

Praktische Durchführung

Im Raum lagen auf einem 4 x 4 m großen Nesseltuch aus farbigem Tonpapier ausgeschnittene Handabdrücke, die – wie bei jeder symbolischen Handlung innerhalb unserer Rituale – mit Namen und Alter der verstorbenen Kinder beschriftet und an das Tuch geheftet wurden. In einer »Prozession« (feierlich-religiöser Umzug, Bitt- oder Dankgang) trugen Eltern und Geschwister das Tuch hinüber in die Kapelle und legten es auf den Altar – »eine heilige Handlung«, wie eine Teilnehmerin sagte. Dort wurden im Abschlussgottesdienst am Sonntag die toten Kinder noch einmal »in die Mitte genommen« – nicht nur gedanklich, sondern auch sichtbar durch das Ritual.

Wüste

Wüste ist in unserer Vorstellung häufig nur mit Leere, Trockenheit, Stillstand und Leblosigkeit verbunden. Und weil genau das viele Eltern und Geschwister nach dem Tod eines Kindes erleben und fühlen, haben wir für ein Trauerseminar das

Thema »Wüste« gewählt. Wo wir nicht weiter wissen, beginnt die Wüste. Sie ist die Unterbrechung dessen, was wir kennen – sie ist uns fremd, und wir sind uns fremd in ihr.

Wüste bedeutet aber auch Leben auf einer besonderen Stufe. Sie ist der Ort, an dem wir lernen, was wirklich wichtig ist. Alles Überflüssige fällt von uns ab. Durch die Erfahrung der Wüste können wir die Tiefe des Lebens besser verstehen lernen. Schwer, aber verwandelbar, ist der Weg durch die Wüste.

So haben wir uns an diesem Wochenende auf eine Wüstenwanderung begeben, auf der Suche nach Oasen.

Praktische Durchführung
Die Wüstenpflanze »Rose von Jericho«, die jahrelang ohne Wasser auskommen kann – im trockenen Zustand verdörrt, scheinbar ohne Leben, in sich zusammengerollt – ist ein starkes Symbol für Trauer. Kreisförmig auf dem Boden angeordnet gab es für jede teilnehmende Familie ein Exemplar dieser bizarren Pflanze. Vor jeder Wüstenrose lag ein Regentropfen aus blauem Tonpapier, auf den Name und Alter des verstorbenen Kindes geschrieben wurde. Die Teilnehmer konnten die Pflanze für das ganze Wochenende mit in ihre jeweilige Gruppe nehmen und dort erleben, wie sie sich – mit nur wenig Wasser versorgt – öffnete und zartes Grün erkennen ließ. Zum Abschluss der Tagung standen dann die Wüstenrosen in kleinen Schälchen in der Kapelle – als sichtbares Zeichen dafür, dass Eltern und Geschwister im Verlauf des Wochenendes auf dem Weg durch die Wüste kleine Oasen gefunden hatten. In den einzelnen Gruppenräumen waren zum Teil Wüsten (Bausand auf Packpapier) »dekoriert« – zu Beginn karg und leer zeigte sich nach dem Wochenende, wodurch sie zum Blühen, zum Leben erweckt worden waren (Pflanzen, kleine Teiche/Oasen, Steine Zeichnungen usw.).

Vögel
Vögel sind Mittler zwischen Himmel und Erde. Sie können auf der Erde leben und sich in die Lüfte schwingen. Ein fliegendes

Tier, das nahe der Sonne und dem Himmel wohnt, genauer gesagt: im Reich des Lichts, in dem auch Eltern und Geschwister die verstorbenen Kinder aufgehoben wissen möchten.

Viele Kulturen verstanden die im Welten- oder Lebensbaum sitzenden Vögel als ein Bild für die Seelen der Toten. Die Ägypter glaubten, dass die Seele eines Toten das Grab als Vogel verließ.

In diesem Seminar beschrifteten die Geschwister, Mütter und Väter die bunten Vögel mit dem Namen des gestorbenen Kindes. Viele malten ein Symbol dazu und suchten einen Platz für jedes Kind zwischen Himmel und Erde – so, wie sie im Verlauf des Seminars ihren je eigenen Platz suchten in der veränderten Welt.

Praktische Durchführung
Verschiedene Vogelformen aus buntem Tonpapier wurden auf ein ca. 3 m hohes und 2 m breites Tuch geheftet (oben als Himmel bezeichnet, unten als Erde), das wiederum am Sonntag – befestigt an einer Bambusstange – in der Kapelle hing, beleuchtet von großen Kerzen, die auf dem Boden standen.

Spirale
Wahrscheinlich liegt das Geheimnis der Spirale in ihrer dynamischen Linienführung. Je nachdem, wie man sie betrachtet, führt sie vom Äußeren durch langwierige Kreisbewegungen schließlichen in einen Mittelpunkt oder umgekehrt aus ihm heraus. Ebenso gut kann sie aber auch als kreisende Höherentwicklung gesehen werden. Auf jeden Fall bildet sie eine der wichtigsten Denkfiguren der europäischen Philosophie.

Auf unsere Stoffspirale haben wir Baumscheiben gelegt, die durch die Jahresringe noch einmal die Linienführung der Spirale aufnehmen und symbolisch für das Leben der verstorbenen Kinder stehen.

Praktische Durchführung
Auf der Stoffspirale am Boden im Begrüßungsraum hatten wir die Baumscheiben angeordnet, die mit Namen und Alter der verstorbenen Kinder beschriftet wurden. Diese Baumscheiben

lagen zum Abschluss des Seminars auf dem Altar in der Kapelle. Für jedes verstorbene Kind zündeten Eltern und Geschwister ein Teelicht an und stellten es auf die *Baumscheibe.*

Kreuz

Verbindet man die waagerechte mit der senkrechten Linie, so kommt die Figur zu Stande, die sich in fast allen Kulturkreisen findet: das Kreuz. Im Christentum wurde das Kreuz zum Abbild des Leidens Christi und zugleich der Erlösung.

Bei einem Trauerseminar sind wir mit den Teilnehmern einen Kreuzweg gegangen. Ihr Weg wurde durchkreuzt von dem Tod eines Kindes. Sie haben seither »ihr Kreuz zu tragen«.

Inhaltlich ging es in diesem Seminar u.a. um die Fragen, was und wer hilft das Kreuz zu tragen, um nicht unter der Last zusammenzubrechen. Gibt es »erlösende« Ansätze, Momente, Erfahrungen...

Praktische Durchführung

Auf dem Boden lagen zwei Stoffbahnen in Kreuzform, die mit Textilfilzstiften von den Geschwistern, Müttern und Vätern wunderschön bemalt und beschriftet wurden. Auch dieses Kreuz bildete im Abschlussritual das Zentrum auf dem Altar.

Baum

Der Baum hat in der ganzen Welt reichhaltigste Symbolbedeutungen angenommen. In vielen Kulturen ist der Baum das Symbol der Welt. Er hat seine Wurzeln in der Erde, der Stamm wächst senkrecht in die Höhe und seine Krone ragt in die Wolken. Der Baum umfasst also in drei Stufen die Unterwelt, die Welt der Menschen und den Himmel selbst. In der Jung'schen Psychologie kennen wir den Baum als Lebensbaum, als Sinnbild für menschliches Leben.

Wo haben wir unsere Wurzeln, was nährt uns? Wie können wir wachsen, welche Förderung, welche Behinderung gibt es im Wachstum? Wie können wir uns ausdehnen, entfalten,

Phantasien und Visionen entwickeln – wodurch wird unser Astwerk, werden unsere Zweige gekappt, am Ausbreiten gehindert ... In unserem Trauerseminar ging es um den Lebensbaum der verstorbenen Kinder, um ihr facettenreiches Blattwerk. Um das Sterben des Baumes ... um Hoffnung über den Tod hinaus.

Praktische Durchführung
Viele Baumblätter aus Tonpapier – in Form und Farbe unterschiedlich – erwarteten die Eltern und Geschwister zum Beschriften. Die Blätter wurden an einen großen Baum aus Sperrholz geklebt, der während der gesamten Tagung im Eingangsbereich zur Kapelle stand. In der Gruppenarbeit hatten die Teilnehmer Gelegenheit, die Erfahrungen mit ihren verstorbenen Kindern und Fotos von ihnen in einen Lebensbaum einzuarbeiten.

Brunnen

Der sprudelnde Brunnen ist eine symbolische Nachbildung der natürlichen Quelle und nimmt erkennbar deren Symbolik der Reinigung und Heilung an. Da die Brunnen mit einer anderen Welt in Verbindung stehen, öffnen sie im Märchen den Zugang zum Jenseits und stehen für Wandlung, für Transformation. In diesem Trauerseminar ging es um den Prozess »Von der Klagemauer zum Brunnen des Lebens«.

Praktische Durchführung
Wir hatten Y-tong-Bausteine anliefern lassen, die gemeinsam von den Familien mit speziellen Stiften beschriftet wurden – für jedes verstorbene Kind ein Stein. Unvergessen ist der Anblick, als die Geschwister und Eltern »ihre Last«, ihren Stein in einer Prozession aus dem Begrüßungsraum in die Kapelle trugen. Dort errichteten sie aus den Steinen pyramidenförmig eine Klagemauer, in deren Zwischenräume für jedes Kind ein Teelicht brannte – Tag und Nacht. Im Verlauf des Wochenendes wurde in allen Gruppen an der *Verwandlung der Klagemauer in den Brunnen des Lebens* gearbeitet. Das geschah –

ähnlich wie in den anderen Seminaren – im Gespräch, beim Schreiben und Malen, durch Meditation und Imagination. Am Sonntag dann trugen die Kinder und Jugendliche die Steine hinaus auf die große Wiese vor dem Tagungshaus und bauten daraus den Brunnen des Lebens.

Herzen

Im Herzen lebt seit jeher die Seele, im Alten Testament das wahre Wesen des Menschen (»Der Herr sieht das Herz an«, 1. Samuel 16,7). Auch als Mitte, als Zentrum des Menschen wird das Herz zum Symbol. Und weil für trauernde Mütter und Väter das verstorbene Kind im Zentrum steht, dem Herzen so nah... haben wir dieses Symbol zum Tagungsthema gewählt – immer auf der Suche danach, was das Herz »nähren«, die Seele »speisen« kann, um mit dem Verlust leben zu können.

Praktische Durchführung

In der Mitte lagen Herzen aus rotem Tonpapier, die mit Namen und Daten der verstorbenen Kinder beschriftet wurden. Für jedes Kind zum Gedenken stand ein Licht in Herzform aus rotem Glas bereit. In der Gruppenarbeit malten und gestalteten die Eltern u. a. ein Herz-Mandala und wurden in einer »Herz-Meditation« durch ihre Trauer geführt.

Die Rituale, die hier stellvertretend für viele weitere vorgestellt worden sind, sind Ergebnis einer Teamarbeit der »Verwaisten Eltern Hamburg« und des Instituts für Trauerarbeit in der Evangelischen Akademie Hamburg.

Gabriele Richter beschreibt im folgenden Beitrag ihre persönliche Erfahrung mit einem Trauerritual als Teilnehmerin eines Wochenendes in Bad Segeberg. Die Darstellung der einzelnen Arbeitseinheiten in dem Seminar ergänzt und bereichert sie in der ihr eigenen bildhaften Sprache durch Reflexion und Assoziation ihrer tiefen Gefühle.

Trauer
einer Mutter

Gib Ausdruck deinem Schmerz!

Gabriele Richter

Unsere Tochter Nina ist fast 15 Jahre, als sie durch die Unachtsamkeit eines Lastwagenfahrers ums Leben kommt. Mit der Nachricht von ihrem Tod ist von einer Sekunde zur anderen die Sonne in meinem Leben untergegangen – vor mir liegt nur Dunkelheit. Alle Wünsche, Perspektiven, Ziele und Erwartungen sind mit einem Schlag ausgelöscht. Alles, was bisher Bestand hat, alle Werte, aller Glaube fallen in sich zusammen. Mein Selbst- und Weltbild, mein Gottesbild liegt in Trümmern. Mein vermeintlich so sicheres, standfestes Lebensgebäude ist in sich zusammengefallen.

In intensiven Gesprächen tauschen besonders mein Mann, unser Sohn und ich bis heute unsere Überlegungen, Fragen, Erinnerungen und Empfindungen aus. Voller Trauer, Schmerz und Sehnsucht beginnt eine mühsame Suche in den Trümmern meines Lebens nach Bausteinen, um wieder ein Lebensgebäude aufzubauen. Werte, Glaubenssätze, Sinnfragen, Widersprüche: Alle diese »Steine« nehme ich in die Hand, wende sie hin und her, prüfe, verwerfe, lege beiseite, baue ein. So entsteht sehr bald ein eigenes »Glaubensbekenntnis«, mein Glaubensgebäude, in das ich mich zurückziehen, Kraft schöpfen und ein wenig Ruhe und Frieden finden kann:

Ich glaube
an einen großen Plan
für mein Leben.

Ich glaube
an einen Sinn in diesem Plan,
den ich erst im Jenseits
erkennen werde

Ich glaube,
dass wir in die Freiheit
der Entscheidung gestellt sind,
aber nicht zwischen
Leben und Tod entscheiden.

Ich glaube
an Zeichen,
die wir vor und nach
unserem Tod geben.

Ich glaube
an ein Leben nach dem Tod
in Wärme und Licht.

Ich glaube
an ein Wiedersehn
in Licht und Liebe.

Und so »weiß« ich für mich sicher: Nina lebt. Sie ist in Licht und Wärme gehüllt. Sie ist gut aufgehoben, und wir werden uns wiedersehen. Sie hatte ein tiefes, für sie und uns nicht erkennbares Wissen von ihrem kurzen Lebensweg und ihrem bevorstehenden Tod. So wie es für Nina vorgesehen war, dass ihr Leben nur knapp 15 Jahre währen sollte, so ist es für uns vorgesehen, mit diesem Verlust zu leben.

Ein weiteres Bild entsteht in mir:
Auf diesem »einen Bein« von Glauben bzw. Wissen kann ich recht sicher stehen. Die vielen offenen Fragen und Widersprüche beeinträchtigen seine Standfestigkeit nicht. Aber das »andere Bein« sind der Schmerz, die Trauer und die immer größer werdende Sehnsucht nach Nina. Eine Sehnsucht, die mich beherrscht, ein Schmerz, der mir die Luft zum Atmen nimmt, eine Trauer, die mich lähmt. Auf einem solchen Bein kann man nicht stehen, geschweige denn gehen, ich verharre auf der Stelle. Kann das zweite Bein jemals heilen und stark genug werden, mich wieder durchs Leben zu tragen? Immer wieder befällt mich ein Gefühl von Sinn- und Kraftlosigkeit und so oft der Wunsch, Nina nachzusterben.

Mein Leben ist bestimmt durch die Liebe und die Verantwortung für meinen Mann und meinen Sohn und durch die Hoffnung auf das Wiedersehen mit Nina – und jeder Tag, den ich hier aushalte, bringt mich ihr einen Tag näher.

In mir herrscht ein Gedanken- und Gefühlschaos. Immer wieder schwirren die gleichen Bilder, Träume, Überlegungen und Empfindungen in mir herum. Indem ich all dies aufzuschreiben beginne, kann ich es ordnen und zumindest zeitweise beiseite legen, meinen Kopf frei machen für neue Gedanken.

Voller Unsicherheit und Zweifel, voller Zukunftsängste beginne ich gleichzeitig, Gedichte, Texte, Bücher zu lesen, mir Wichtiges abzuschreiben und es mir auf diese Weise zu Eigen zu machen.

Es ist der Beginn einer intensiven, bis heute andauernden Suche.

Einer Suche nach Bestätigung meines »intuitiven Wissens« sowie meiner widerstreitenden Empfindungen und einer Suche nach Hilfen, mit dem Verlust meines Mädchens zu leben, in Erfahrungsberichten betroffener Eltern. Einer Suche nach Trost, den ich nur in Berichten über Nah-Tod-Erlebnisse finde.

Einer Suche nach Bestätigung meiner Antworten auf die Fragen nach dem Woher komme ich? – Wohin gehe ich? – Was ist der Sinn des Lebens? – Wer bin ich eigentlich? in spirituellen, theologischen und psychologischen Büchern und im intensiven Austausch mit meinem Mann.

Und einer Suche nach Nina, indem ich Fotos vergrößere, Erinnerungen aufschreibe, andere bitte, von ihr zu erzählen, ihre Texte lese, ihre Briefe an uns ordne, ihre Kleidung trage, in ihrem Zimmer ihre Sachen berühre…

Und einer Suche nach einem Leben mit Nina in ihrer jetzigen Daseinsform. Ich möchte Kontakt zu ihr finden, sie erkennen, Zeichen von ihr erhalten, ihr im Traum nahe sein.

Auf der Suche nach Hilfe nehmen wir auch Kontakt zum Verein »Verwaiste Eltern« in Hamburg auf. In der Begegnung und im Austausch mit anderen Betroffenen erleben wir, dass, bei aller Verschiedenartigkeit zu trauern, ein Grundverständnis vorhanden ist. Ich bin mit meinen quälenden Gefühlen und widerstreitenden Gedanken nicht allein, erhalte Anregungen und Hilfen, mit der Trauer zu leben. Die regelmäßigen intensiven Gruppenabende geben mir viel und wirken lange nach.

Voller Erwartung fahre ich nach etwas mehr als einem Jahr nach Ninas Tod zum zweiten Mal zu einem Trauerseminar nach Bad Segeberg. Durch den Einladungstext fühle ich mich sehr direkt angesprochen, scheint doch das Bild eines entwurzelten Baumes auf mich zu passen und greift das Seminarziel, sich auf die Suche zu begeben »nach Halt und Schutz – auf die Suche nach neuem Boden, der hält und trägt«, mein eigenes Suchen auf. In die Erwartung mischen sich aber auch zwiespältige Gefühle, bedeutet doch ein solches Wochenende eine ungleich intensivere Konfrontation mit Tod und Trauer – und mit mir, zumal ich dieses Mal alleine fahre.

Am Freitag komme ich frühzeitig am Spätnachmittag an, werde sehr freundlich empfangen und eingewiesen. In Ruhe kann ich mein Zimmer einrichten, es mit einem Bild von Nina, Blume, Kerze und ihrem Konfirmationskreuz auf dem Tisch als Rückzugsraum gestalten.

Auf Ninas Konfirmationskreuz stehen die Worte »Ich bin bei euch«. Dieser Satz bekam nach ihrem Tod eine zusätzliche Bedeutung. Wir empfinden ihn nicht nur als Botschaft Jesu, sondern auch als Botschaft von Nina an uns. Es begleitet uns seitdem auf allen Reisen.

Im großen Tagungsraum finden sich nach dem Abendessen alle Teilnehmer zur Begrüßung ein. Ein Gefühl unendlicher Trauer überfällt mich angesichts der Vielzahl von Eltern und Geschwistern. Gleichzeitig übermannt mich die Sehnsucht nach meinem Kind.

In ihren einführenden Worten berichtet Mechtild Voss-Eiser, die Leiterin des Seminars, von einem Mädchen, das mit ihrer Freundin von einem betrunkenen Autofahrer auf dem Bürgersteig überfahren und tödlich verletzt wurde. Die Eltern empfinden eine Zeichnung ihrer Tochter aus dem Religionsunterricht mit der Bildunterschrift »Der liebe Gott verzeiht jedem«, die sie nach ihrem Tod finden, als eine Botschaft ihrer Tochter an sie und als Hilfe, mit der Schuld des Fahrers umzugehen.

Ich habe das starke Gefühl, dass ich nicht »zufällig« von diesem Schicksal höre. Es bewegt mich sehr und lässt mich auch auf Ninas

Unfallfahrer neu sehen, steht doch der Prozess gegen ihn unmittelbar bevor. Das Schicksal des Mädchens verbunden mit dem Satz »Gott verzeiht jedem!« hat auch meinen Mann nachhaltig beeindruckt, und als es anlässlich der Gerichtsverhandlung zu einem Ortstermin kommt, gehen wir beide – ohne uns vorher abgesprochen zu haben – auf den Fahrer zu und geben ihm die Hand. Er hat sich bisher in keiner Form an uns gewandt, wir sehen ihn an diesem Tag zum ersten Mal. Durch diese Geste des Handreichens ist in uns etwas zum Abschluss gekommen. Wir haben das Unsrige getan. Wir haben uns in unserem Handeln geleitet und getragen gefühlt. Mit dem anschließenden milden Urteil und der Tatsache, dass der Unfallfahrer kein Schlusswort des Bedauerns öffentlich ausdrücken kann, hadern wir nicht. Dafür sind wir dankbar.

In der Mitte vor allen Teilnehmern liegen aus Tonpapier geschnittene Herbstblätter, auf denen verschiedene Begriffe stehen. Aus ihnen wählen wir nun ein für uns passendes aus und versehen es mit Namen und Daten unseres Kindes. Wieder empfinde ich es nicht als Zufall, dass mir das Blatt »NÄHE« sofort ins Auge fällt.

So oft denke ich an die vielen Momente der Nähe zu Nina, Momente der Verbundenheit und des stillen Einvernehmens. Gleichzeitig glaube ich fest, dass Nina mir auch in ihrer jetzigen Daseinsform nahe ist, auch wenn ich sie nicht spüren kann wie bisher. Ein Text von Jörg Zink, der uns in einem Beileidsbrief zugesandt wurde, hat mich in meinem Empfinden und Glauben bestärkt:

> *Ich bin überzeugt, dass es mehr Verbindungen gibt*
> *zwischen denen drüben und uns hier,*
> *als die meisten von uns heute meinen...*
> *Wir brauchen dazu keine besonderen Fähigkeiten.*
> *Wir müssen nur wissen, dass die Wand dünn ist*
> *zwischen jener Welt und der unseren.*

Wir sind unserer Pastorin sehr dankbar, dass sie diesen Text in ihrer Trauerrede aufgegriffen hat. Dankbar sind wir auch für die vielen intensiven, offenen Gespräche vor und auch nach der Beerdigung.

Dass sie spürt, was uns hilfreich und wichtig ist, zeigt sich in der Gestaltung der Trauerfeier, die sie mit diesem irischen Reisesegen schließt.

> *Möge dein Weg dir*
> *freundlich entgegen kommen,*
> *der Wind nicht gegen dich stehen.*
> *Möge das Licht dich leiten,*
> *Wärme dich durchfluten.*
> *Möge der Regen unsere Felder tränken*
> *Und bis wir einst uns wieder sehen,*
> *halte Gott dich fest und geborgen*
> *in seiner Hand.*
> *Amen*

Beim anschließenden ersten Gruppentreffen stellen wir elf Teilnehmer uns gegenseitig vor, erzählen von unserem Kind und seinem Tod und zünden ihm eine Kerze an. Bei allem Schmerz tut es mir gut, meinen Kummer in Worte zu fassen, ihn auszusprechen und so aus mir herauszulassen. Erschüttert von den einzelnen Schicksalen weine ich viel, um das Leid der anderen, um Nina, um mich, um mein vergangenes schönes Leben.

Ich weine um Nina, und der Glaube, dass Nina jetzt geborgen und gut aufgehoben ist, dass es ihr besser geht als hier im »irdischen Jammertal«, tröstet nicht, denn neben dieser Stimme ist auch eine andere in mir, die sagt: »Sie hat doch so gerne gelebt.« »Es ging ihr doch nicht schlecht bei uns.« »Sie hatte noch so viel vor.«

Ich weine um mich und bin mir dabei sehr wohl bewusst, dass ich mich selbst betrauere. Aber ist dies ein Selbstmitleid, das, wie mir in Gesprächen und Büchern suggeriert wird, unzulässig ist? »Wenn ich das Bedürfnis habe, um mich zu weinen, dann ist es eben so!«, denke ich mit gewissem Trotz. Ich glaube fest, dass wir uns sehr wohl beweinen dürfen und müssen. Es gehört neben anderen Trauerreaktionen zum Abschiednehmen. Und nur wenn der Abschied gelingt, können wir uns auf das Neue wirklich einlassen, kann Neues in uns wachsen. (Anselm Grün)

Der erste Abend endet mit informellen Gesprächen im großen Foyer, in denen ich auch andere Seminarteilnehmer näher kennen lerne. Zum Tagesausklang findet in der Kapelle eine Andacht statt, an der ich auch dieses Mal wieder gern teilnehme. Es tut mir gut, nach den vielen Eindrücken des Tages Momente der Sammlung und Besinnung zu erleben und so ein wenig innere Ruhe zu finden. In meinem Zimmer zünde ich ein Licht für Nina an und schicke ihr meine Wünsche.

Am nächsten Morgen treffen wir wieder in unserem Gruppenraum zusammen. Es empfängt uns leise Musik: der Choral »Jesu bleibet meine Freude«. Nina hat dieses Stück auf der Flöte, von meinem Mann am Klavier begleitet, oft gespielt. Es war Eingangs- und Schlusschoral auf ihrer Trauerfeier. Ich glaube, dass ich den Choral nicht zufällig höre. Ich nehme ihn als Zeichen aus »jener Welt« (Jörg Zink), das mir sagt: »Ich bin bei dir.«

Einmal aufmerksam geworden auf die »Zeichen«, die Nina uns hinterlassen hat, stoßen wir immer wieder auf Begebenheiten, deren Bedeutungen sich uns erst jetzt im Nachhinein erschließen und die in uns die Überzeugung stärken, dass Nina ein tiefes Wissen von ihrem kurzen Lebensweg hatte. Viele eigene Erlebnisse und Erfahrungen kann ich seitdem nicht mehr als Zufälle sehen. Es sind Fügungen, die sich in meiner Vorstellung zusammenfügen zu einem Netz, das mich trägt. Ein Netz, gewoben von Gottes Hand, in das ich mich getrost fallen lassen kann. Loslassen heißt für mich auch, sich fallen lassen in dieses Netz aus Fügungen, aus vermeintlichen Zufällen, das mir Gewissheit gibt von einem großen Plan für unser Leben: »Am Ende ist's das Fällige, das uns zufällt.« (Max Frisch).

Zusammen mit der Musik und der liebevoll gestalteten Mitte schafft unsere Gruppenleiterin Anja Wiese mit ihrem einfühlsamen Wesen eine Atmosphäre der Geborgenheit, in der ich mich der folgenden Aufgabe stellen kann:

Wir sollen einen Lebensbaum unseres Kindes erstellen, indem wir auf in Blätterform vorgeschnittenes buntes Papier schreiben, was uns wichtig war und ist, was unser Kind ausgemacht hat. Spontan habe ich das Gefühl, dieser Aufgabe nicht gewachsen zu sein. Bedeutet sie doch bewusstes Erinnern und Konfrontieren mit dem, was verloren ist. Bisher habe ich mir nur immer wieder Ninas letzte Lebensmonate in Erinnerung gerufen. An frühere Zeiten traute ich mich nur selten und dann vorsichtig tastend, den tiefen Schmerz fürchtend, heran. Unter Tränen beginne ich das erste Blatt zu beschriften. Doch nach und nach füllen sich die Blätter wie von selbst, entsteht Ninas Persönlichkeit in ihrer ganzen Vielfalt vor mir. Immer neue wichtige Facetten ihrer Person, ihres und unseres gemeinsamen Lebens werden deutlich. Ich entdecke Gemeinsamkeiten zwischen uns, längst Vergessenes ist wieder da. Am Ende stelle ich erschöpft fest, dass ich selten so intensiv über Nina nachgedacht, mich der Erinnerung gestellt habe. Es bleibt das gute Gefühl, ihr gerecht geworden und sehr nahe gekommen zu sein.

Nachdem ich meine Blätter auf eine große Pappe mit einem Baumstamm zu Ninas Lebensbaum zusammengefügt habe, ist es mir wichtig, eine Sonnenblume daneben zu malen, die uns zum Sinnbild für Ninas Leben und Tod geworden ist.

Die Sonnenblume
Symbol für

das Strahlen	*die Farbe*
deines Lächelns	*deiner schöner langen Haare*
die Wärme	*das Licht*
die du uns gabst	*das du für uns warst*
die Wärme	*das Licht*
die dich jetzt umhüllt	*in dem du jetzt bist*

Nur Sonnenblumen sollen für Nina in der Kirche sein, das weiß ich sehr bald. Bei der Trauerfeier fallen die Sonnenstrahlen durch eine Glaswand auf die vielen Blüten auf ihrem Sarg und alles ist in gelbes Licht getaucht. Und durch eben diese Glaswand haben wir Nina hinausgetragen in die Sonne – sie symbolisch ins Licht begleitet. Die Traueranzeigen sind ebenso wie das Lieder- und Textblatt für den Gottesdienst – mit einem Foto von Nina – auf gelbes Papier gedruckt. Nina und die Farbe gelb gehören seitdem nicht nur für uns zusammen. Die vielen gelben Blumen, die auf ihr Grab gelegt werden, zeigen es uns immer wieder. Und erst nach der Beerdigung fällt mir die große Sonnenblume über Ninas Zimmertür auf, die sie vor wenigen Wochen gekauft hat.

Wieder im Kreis zusammensitzend berichtet jeder Teilnehmer anhand des Lebensbaumes über sein Kind. Die Gruppe ist so klein, dass genügend Zeit ist, nachzufragen, eigene Gedanken und Erfahrungen beizutragen und sich so intensiv über unsere Kinder, über ihr Leben und Sterben, unsere Trauer und Hoffnung auszutauschen. Auf meinem Trauerweg ist mir der Austausch mit anderen Betroffenen immer wieder sehr wertvoll und hilfreich. Von Nina erzählen zu können, tut mir gut. Denn außerhalb der Familie erzähle ich nur wenig von ihr, und es fragt inzwischen auch kaum noch einmal jemand. Um mich herum ist so viel Unsicherheit. Indem ich von Nina spreche, wird die Vergangenheit wach und Nina für einen Moment wieder lebendig. Bei allem Schmerz ein gutes Gefühl. Und es ist auch ein gutes Gefühl, den anderen Eltern ihr Foto zu zeigen – zu zeigen, wen ich verloren habe.

Eigene Erfahrungen bestätigt zu finden, Gemeinsamkeiten in der Wahrnehmung des Erlebten zu erkennen; all das gibt mir Sicherheit in einer Zeit, in der das Vertrauen in das eigene Selbst so erschüttert und gering ist. Die zum Teil aber auch völlig anderen Sichtweisen, die Unterschiede in der Wahrnehmung und Wertung, bringen mich dazu, eigene Erfahrungen und Erlebnisse in einem anderen Licht zu sehen, neu zu überdenken und zu ordnen. Und indem ich die innere Zerrissenheit anderer erlebe, kann mich in meinen ambivalenten Gefühlen und Gedanken leichter annehmen.

Die geschützte Atmosphäre – verbunden mit der Fähigkeit der Trauerbegleiterin, voller Empathie zuzuhören, auf die Äußerungen der einzelnen Teilnehmer einzugehen, nachzufragen, Verbindungen herzustellen und Verstehenshilfen zu geben – schafft so viel Vertrauen, dass es nicht nur mir möglich ist, abstruse, scheinbar abwegige oder nicht zulässige Gefühle und Gedanken zu äußern. Die Erfahrungen von uneingeschränktem Mitgefühl und die Erkenntnis, nicht allein zu sein mit meinen oft so widersprüchlichen und wirren Empfindungen, meinem großen Schmerz, geben ein wenig Sicherheit, sie stärken mich und helfen mir auszuhalten.

Nach dem Mittagessen, einem Spaziergang am See und Stöbern am Büchertisch mit einem umfangreichen Angebot an hilfreicher Literatur finde ich mich wieder in unserem Raum ein, dessen Mitte inzwischen durch die Lebensbäume und Fotos von unseren Kinder gewachsen ist.

Die Aufgabe des Nachmittags setzt mich zunächst erneut unter Anspannung. Eine »Baum-Imagination«, deren Ergebnis ich anschließend malen soll, scheint mir nicht machbar. Doch wieder geht es. Mit geschlossenen Augen stellen wir uns vor, ein Baum zu sein. Wir werden mit Fragen geführt wie: Wie sieht der Baum aus? Wo steht er? Gibt es andere Bäume in der Nähe?

Im Laufe der Imagination entsteht in mir ein immer klareres Bild. Und beim anschließenden Malen erkenne ich immer deutlicher meine augenblickliche Lebenssituation, mein Selbstbild, meine Verfassung, Aufgaben, Gefühle, Hoffnungen. In der anschließenden Besprechung formuliere ich bei der Vorstellung meines Bildes Gedanken, die mir bisher nicht bewusst waren und mich meine Situation deutlicher erkennen lassen:

Durch mein Bild verläuft ein Weg. Im Mittelpunkt des Bildes steht auf dem Weg eine junge Trauerbirke in zartem Grün: Es ist unser nun 12jähriger Sohn, der trotz des Verlustes seiner Schwester voller Lebenszugewandtheit seinen Weg geht. Sein Lieblingsbaum ist die Birke. Sie ist in Trauer.

Neben der Birke fliegt ein Schmetterling: Es ist Nina, die ihn begleitet. Der Schmetterling ist das Symbol für die Unsterblichkeit ihrer Seele und durch unsere Begegnungen mit einem »Admiral« für uns zu einem Hoffnungsträger geworden.

Rechts und links am Wegesrand stehen zwei zerstörte, teilweise entwurzelte Bäume. Die vormals kräftigen Stämme sind seitlich umgestürzt. Es sind mein Mann und ich, die wir unser Leben und uns selbst als zerstört empfinden. Wir befinden uns neben unserem Sohn, haben uns nicht auf den Weg gemacht, sondern verharren wie betäubt auf der Stelle.

Jeweils ein schmaler Stammrest ist stehen geblieben. Das Laub der Äste, die sich über den Weg zur Birke neigen, ist herbstlich braun und zum Teil abgefallen: Ein Stück von uns ist ganz geblieben. Es ist die Liebe und die damit verbundene Verantwortung für unseren Sohn, die wir bewusst wahrnehmen. Doch unsere Kräfte sind begrenzt, wir fühlen uns alt und verbraucht.

Aus der Bruchstelle der beiden Bäume sprießen zarte Triebe: Ein fester Glaube, der sich begonnen hat zu bilden, die Hoffnung auf ein Wiedersehen mit unserem Mädchen, die, wenn auch manchmal nur geringe Zuversicht, dass wir irgendwann nicht mehr nur funktionieren, sondern dieses uns zugedachte Leben werden leben können.

Über den Bäumen ist der Himmel dunkel, am oberen Bildrand ist ein wenig Licht zu sehen: Unser Leben ist in Dunkelheit getaucht, alles, was für uns einmal Bedeutung hatte, scheint seines Sinns beraubt. Und doch leben wir im Vertrauen auf das Licht Gottes und darauf, dass es für uns irgendwann einmal wieder etwas heller wird.

In den Bildern der anderen Teilnehmer spüre ich sehr stark die Individualität jedes Einzelnen. Ich empfinde tiefes Mitgefühl mit ihnen und kann mich mit jedem identifizieren. Durch dieses Einfühlen sehe ich mein Schicksal ganz neu und erkenne eigene Gefühle wieder, Gefühle, die ich bisher nicht zugelassen habe.

Beim Abendessen spüre ich einmal mehr die besondere Atmosphäre, die hier bei den Mahlzeiten herrscht. Es besteht eine wechselnde, ungezwungene Tischordnung und eine grundsätzliche Offenheit und Gesprächsbereitschaft. Es gibt ein Nebeneinander von Lachen und Weinen, von laut und leise, von tiefgründigen und eher oberflächlichen Gesprächen – und immer sind unsere verstorbenen Kinder ganz nah.

Die Gleichzeitigkeit von vermeintlich sich ausschließenden Empfindungen und Gedanken ist es, die uns auch im Alltag die Begegnung mit betroffenen Eltern suchen lässt, die sie so wertvoll für uns macht. Denn in diesen Begegnungen ist etwas leicht, was sonst so schwer fällt. Ich glaube so oft, die Trauer und damit Nina zu verleugnen, wenn ich Freude zulasse. Ich beobachte mich dann irritiert. Denn die Fähigkeit wieder Freude zulassen zu können, gibt ja auch ein wenig Hoffnung, dass das Leben wieder lebenswert werden könnte. Ich erkenne dies aber eher widerwillig, denn ich will mich mit einem Leben ohne Nina nicht arrangieren. Gleichzeitig spüre ich, dass das eine das andere nicht ausschließt, es gibt kein »entweder – oder«; es kann, es darf, es muss ein Nebeneinander geben von Leben und Tod, Trauer und Freude, Lachen und Weinen. Die Erkenntnis ist leicht, sie zu leben so schwer!

Am Abend, der außer der Andacht zur Nacht kein Programm hat, sitzen wir im Foyer am Kamin zusammen und setzen in der Gruppe begonnene Gespräche fort. Wir erleben eine große Nähe zueinander und die entstandene Verbundenheit wirkt über das Seminar hinaus. Zu einigen Teilnehmern habe ich noch heute guten Kontakt.

Für diesen Abend habe ich unsere Gruppenleiterin um ein Einzelgespräch gebeten, da ich die Zeit in der Gruppe nicht mit meinem speziellen Problem beanspruchen wollte.

Mit der Nachricht vom Tod unserer Tochter erhielten wir gleichzeitig den dringenden Rat, sie nicht noch einmal anzusehen, sie so in Erinnerung zu behalten, wie wir sie zuletzt gesehen haben. Uns wurde suggeriert, dass Ninas Körper durch das zweimalige Überrollen so zerstört sei, dass dieser Anblick nicht zumutbar sei. Während des Gesprächs mit dem Beerdigungsunternehmer war ich nicht in der Lage, mir eine Beschreibung von Ninas Verletzungen anzuhören. Ich wehrte seine Bereitschaft dazu ab und dachte bei mir, auch wenn dir später einmal Zweifel kommen sollten, ob diese Entscheidung richtig ist, das wirst du schon aushalten. Welch ein fataler Irrtum! Monatelang hatte ich die schrecklichsten Bilder vom Unfall und von Ninas zerstörtem Körper vor mir. Als wir endlich die Gerichtsakten mit den Unfallfotos einsehen konnten, war mein erster Satz: »Man hat uns betrogen.« Betrogen um den persönlichen Abschied von

Nina, denn es waren kaum äußerliche Verletzungen sichtbar. Und selbst wenn sie sehr stark verletzt gewesen wäre, ich weiß so sicher, dass ich jeden Anblick ausgehalten hätte! Wenn man mich nur ermutigt hätte!

Man hat uns etwas so Wertvolles genommen. Man wollte uns etwas Gutes tun, uns etwas Furchtbares ersparen. Welch ein Fehler! Wäre doch die Umkehrung, das Gegenteil so hilfreich gewesen. Nur, in unserem Schockzustand wussten wir es nicht besser.

Es vergeht kaum ein Tag, an dem ich mir dieses Versäumnis nicht vorwerfe, mich Schuldvorwürfe quälen, an dem ich glaube, als Mutter versagt zu haben und der Wunsch mich überfällt, die Zeit zurückzudrehen, mein Mädchen noch einmal zu sehen und zu berühren.

Ob und wie andere mit diesem Versäumnis und diesen Schuldgefühlen leben, möchte ich wissen.

Ich erfahre, dass mit der Begründung, die Verstorbenen lebendig in Erinnerung zu behalten, Trauernden sehr häufig von Bestattern, Ärzten, Pastoren oder Angehörigen vom unmittelbaren Abschiednehmen abgeraten wird. Ihnen allen ist offenbar nicht bewusst, dass sie den Trauerprozess erschweren und oftmals unnötig verlängern, da sie es dem Hinterbliebenem nehmen, den Tod wahrhaft zu sehen und anzufassen, ihn im wahrsten Wortsinn zu »begreifen«.

Und ich erfahre Ermutigung: Du bist niemals perfekt, auch keine perfekte Mutter. Wie solltest du gerade im schwersten Moment deines Lebens alles richtig machen? Woher solltest du in diesem Moment wissen, was wirklich gut für dich ist? Du hast getan, was zu diesem Zeitpunkt für dich richtig war. Versuche, dich mit deiner Entscheidung auszusöhnen, sie gehört nun zu deinem Leben. Unser Gespräch hilft mir, meine Gefühle zu erkennen und zu ordnen. Die Imperative »Füge dich! Verzeihe dir!« begleiten mich und klingen in mir in Momenten des Haderns und Verzagens.

Die letzte Gruppensitzung am nächsten Vormittag gibt uns die Möglichkeit zu weiterem Austausch darüber, was hilfreich war auf unserem bisherigen Trauerweg, besonders in Hinblick auf das bevorstehende Weihnachtsfest.

Wie sollen wir das Lichtermeer, die Stimmung freudiger Erwartung aushalten? Wie sollen wir einen Tannenbaum aufstellen und schmücken, wenn unser Kind nicht da ist und so sehr fehlt?

Wir hören von dem Ritual der Familie Bonhoeffer, einen Zweig aus dem geschmückten Baum herauszuschneiden und zum Grab des Verstorbenen zu tragen, um so die Lücke, die das Kind hinterlassen hat, sichtbar zu machen und gleichzeitig symbolisch eine Verbindung zwischen dem Zuhause und der Grabstelle herzustellen.

Nina auf diese Weise in unser Weihnachtsfest mit einzubeziehen, ist auch für uns ein wichtiges Ritual geworden. Aber auch bei anderen Gelegenheiten teilen wir Blumensträuße, Geschenke oder jahreszeitliche Dekorationen und Pflanzen, um sie zum Grab zu bringen. Ich empfinde Ninas Grabstelle als Teil unseres Gartens, den sie wie unser Zuhause so sehr geliebt hat. Ihre Äußerung »Wir haben ein so tolles Haus und einen so schönen Garten, eine bessere Kindheit hätte ich gar nicht haben können.« ist uns ein tröstliches Vermächtnis.

Wir sprechen über »unsere« Gräber, stellen uns wichtig gewordene Bücher vor, beschreiben eigene Rituale und geben uns Anregungen, sich den Erinnerungen zu stellen, der vielen widerstreitenden Gefühlen Herr zu werden, den Anforderungen des Alltags und den Erwartungen der Umwelt zu begegnen. Die Erfahrungen und Vorschläge der anderen zeigen mir neue Wege, sie geben mir ein wenig Hoffnung und Kraft, machen mir Mut, sie auszuprobieren, einfach weiter zu machen.

In meiner bald vier Jahre währenden Trauerzeit ist es mir neben dem Lesen, Reden und unaufhörlichem Nachdenken gleichzeitig ein Bedürfnis, etwas zu tun, etwas regelmäßig, fast rituell, zu wiederholen. In meiner großen Verunsicherung, meinem Gedanken- und Gefühlschaos versuche ich meinen Tagen so neben der Struktur, die sie durch die familiären und beruflichen Anforderungen erhalten, ein spirituelles Gerüst zu geben, an dem ich mich entlang hangeln kann und das mich trägt. Verschiedene, wechselnde Rituale haben mich bisher begleitet:

Fast zwei Jahre lang habe ich die täglichen Meditationen in »Kraft zum Loslassen« von Melody Beattie gelesen.

Über viele Wochen habe ich täglich eine Engelskarte gezogen (»Engelspiel«), mich von ihrem Begriff am Tag begleiten lassen, am Abend den Tag unter diesem Gesichtspunkt reflektiert und meine Gedanken dazu aufgeschrieben.

An Ninas Grab, das in unmittelbarer Nähe unseres Hauses liegt, und das ich nahezu täglich besuche, spreche oft ich den oben zitierten irischen Reisesegen, der mein ganzes Wünschen und Hoffen ausdrückt. Ich wünsche ihr, dass sie die nötige Begleitung und Hilfe hat, dass wir mit unseren Gedanken ihren Weg erleichtern, ihn durch unsere Tränen nicht erschweren.

In der Weihnachtszeit habe ich bereits zwei Mal die Texte des Kalenders »Der andere Advent« der Nordelbischen Kirche zu täglichen Meditationen genutzt und die in mir entstandenen Bilder in Mandalas umgesetzt. Zusammen mit Textauszügen bzw. eigenen Gedanken ist so ein paralleler Kalender entstanden.

Seit vielen Monaten ziehe ich wöchentlich eine von 50 Engelkarten, deren »Namen« dem Buch »50 Engel für das Jahr« entnommen sind. Die von Anselm Grün verfassten Texte begleiten mich durch die Woche und sind mir eine wichtige Lebenshilfe geworden. Ich fühle mich angenommen in meiner inneren Zerrissenheit, in meiner Schwachheit und Begrenztheit und gleichzeitig gestärkt und ermutigt, meinen Weg zu suchen. Im Vertrauen auf die Kraft Gottes und seiner Engel hinterfrage ich mein Denken, Fühlen und Handeln – und bitte um die Kraft zur Veränderung, die Kraft meinen Weg zu finden.

Immer wieder im Laufe des Tages versuche ich durch bewusstes Ein- und Ausatmen, inne zu halten, den Moment zu spüren, mich nicht ablenken zu lassen von Gedanken an Zukünftiges oder Vergangenes. Ich versuche, still zu werden

Schweige und höre! Neige deines Herzens Ohr! Suche den Frieden! (P. Michael Hermes)

Auch wenn mich zunächst Schmerz und Trauer befallen – ich halte diese Momente aus, und indem ich mit dem Ein- und Ausatmen dieses

Lied in mir klingen lasse, werde ich ruhiger und sammle Kraft zum Weiterleben, Kraft, die ich brauche, um mich der kräftezehrenden Trauer zu stellen. Nur – dies gelingt mir nicht immer. Wie oft übermannt mich der Schmerz, beherrschen mich Angst und Verzweiflung, das Gefühl von Sinnlosigkeit.

Zum Ende unserer gemeinsamen Zeit erhält jeder Teilnehmer eine kleine Rotbuche, die noch das vertrocknete Laub des Herbstes trägt und mit der ich mich sofort identifiziere: Ich werde das Laub – mein altes Leben – irgendwann, wenn das neue Grün da ist, abwerfen – hinter mir lassen – müssen. In den Knospen entwickelt sich das frische Laub – mein neues, verändertes Leben. Doch dazwischen liegt der Winter, die Ruhezeit – die Zeit meiner Trauer.

> *Es ist jetzt nicht die Zeit,*
> *um zu ernten.*
> *Es ist auch nicht die Zeit,*
> *um zu säen.*
>
> *An uns ist es,*
> *in winterlicher Zeit uns*
> *eng ums Feuer zu scharen*
> *und den gefrorenen Acker*
> *in Treue geduldig zu hüten.*
>
> *Andere vor uns haben gesät.*
> *Andere nach uns werden ernten.*
>
> *An uns ist es,*
> *in Kälte und Dunkelheit*
> *beieinander zu bleiben und,*
> *während es schneit, unentwegt*
> *wach zu halten die Hoffnung.*
>
> *Das ist es.*
> *Das ist uns aufgegeben*
> *in winterlicher Zeit.*
>
> *Lothar Zenetti*

Dieses Gedicht hilft mir in Phasen, in denen es mir besonders schlecht geht und mich große Schwere und Kraftlosigkeit überfallen, auszuhalten, weiß ich doch inzwischen aus eigener Erfahrung, wie unkalkulierbar die Stärke und Dauer der Trauerwellen sind. Neben diesem Gedicht gibt es noch weitere »Notfallsätze und -texte«, die mich ständig begleiten, mir Überlebenshilfe geworden sind und nicht nur in meinen Stille-Zeiten in mir klingen:

»Von guten Mächten wunderbar geborgen, erwarten wir getrost, was kommen mag. Gott ist bei uns am Abend und am Morgen, und ganz gewiss an jedem neuen Tag« (Dietrich Bonhoeffer).
»Ein Jegliches hat seine Zeit...« (Prediger 3)
»Wir tun für den gegebenen Augenblick unser Bestes. ... Es gibt Tage, an denen unser Bestes weniger ist, als wir erhofften« (Melody Beattie).
»Gehe kleine Schritte und werde dankbar für drei Dinge an jedem Tag.«
... »Du musst dich nicht sorgen« sagte der Meister. »Jemand, der kleine Schritte geht, dankbar ist und sich immer neu hinterfragt, der findet den Weg zu dem Ziel seines Lebens.« («Ein sicherer Weg«, zitiert nach Marie-Luise Wölfing).

Den Abschluss des Wochenendes bildet ein gemeinsamer Gedenkgottesdienst in der Kapelle, in dem jeder Teilnehmer eine Kerze für sein Kind anzündet und in dem u. a. das Lied »Es weht ein Blatt von einem Baum« gesungen wird:

Du bist ein Blatt an einem Baum, bist mir besonders lieb.
Und gibt es davon Tausende, ich wünscht,
dass du mir bliebst.
Möge die Liebe in meinem Herzen geben dir Geleit.
Möge ein Frieden für uns beschieden bis in Ewigkeit.

Du bist ein Licht am Firmament...
Du bist ein Engel in der Nacht...
Du bist die Blume auf dem Feld...
Du bist ein Vogel in der Luft...
Du bist ein Lied, das in mir klingt...

Text: Birgit Pfahl / Melodie: Wolfgang Jehn

Es ist ein Lied, das für mich Ninas Einmaligkeit, meine Liebe, meinen Schmerz und meine Hoffnung zusammenfasst und das ich seitdem immer wieder an ihrem Grab singe.

Voller Eindrücke und Anregungen kehre ich erschöpft und gestärkt nach Hause zurück. Ich habe »Halt und Schutz« erfahren und wieder einmal erlebt, wie hilfreich es ist, in der Gemeinschaft von Trauernden, Mitgefühl zu spüren, von Nina und meiner Liebe zu ihr zu erzählen, Schmerz und Trauer, Sehnsucht, Hoffnung und Glaube mit anderen teilen und in Bildern und Worten ausdrücken zu können, denn *»... Gram, der nicht spricht, presst das beladne Herz, bis dass es bricht« (William Shakespeare).*
Das Leid der anderen Familien lässt mich mein Schicksal aushalten, ihre Wege, mit dem Tod ihres Kindes zu leben, machen mir Mut, geben mir Kraft und Zuversicht für meinen Trauerweg. Ich habe ein wenig »neuen Boden« gefunden, der mich »hält und trägt«.

> *Eingesponnen in den Kokon meiner Trauer*
> *stochere ich in den Trümmern meines Lebens.*
>
> *suche ich nach seinem Sinn*
> *baue ich mein Glaubensgebäude*
> *forme ich ein Bild meiner Selbst*
>
> *um endlich*
> *wann?*
> *die Flügel auszubreiten*
> *und das mir zugedachte Leben*
> *wieder zu leben*

Gabriele Richter; geb. 1954 in Pinneberg; Lehrerin; nach dem Tod ihrer Tochter Nina hat sie u.a. durch die Teilnahme an einer Trauergruppe und den Besuch von Trauerseminaren in Bad Segeberg versucht, ihren Gefühlen und Gedanken auf verschiedene Weise Ausdruck zu geben.

Nicht nur die Nähe zueinander, sondern auch die Weite zwischen sich lieben

Anja Wiese

»Ich lasse mich scheiden«, mit diesen Worten kommt eine Mutter, die um den Verlust ihres einzigen Kindes trauert, in den Gruppenabend. »Wir können überhaupt nicht miteinander über den Tod unserer Tochter sprechen. Und wenn wir es versuchen, kommt es nur zu gegenseitigen Vorwürfen und damit zum Streit. Und danach wieder zur Sprachlosigkeit. Mein Mann stürzt sich in die Arbeit, kommt abends immer später nach Hause. Und ich, ich kann mich mit nichts anderem als mit meiner toten Tochter beschäftigen. Ich falle zu Hause von einem Sessel in den anderen, bin nur fähig, die Fotos meiner Tochter wieder und wieder anzuschauen ... Selbst nachts sitze ich oft im Sessel und versuche mir vorzustellen, wie ihr Tod gewesen ist... was sie kurz vorher gespürt, gedacht, gefühlt haben könnte. Häufig mache ich auch gar nichts, sitze da und starre auf die Wände oder durch sie hindurch – unfähig, mich zu bewegen. Mein Mann hält es nicht aus mit mir – er hält meine intensive, sichtbare Trauer nicht aus. Er hält *mich* nicht aus, auch nicht meine Tränen – weinen kann ich gut, unglaublich, wie viele Tränen ich habe! Ihn sehe ich nie weinen. Nein, das war's. Fast 25 Jahre sind wir verheiratet, aber *das* werden wir nicht zusammen erleben – keine Silberhochzeit. Ohne mich.«

Um es vorwegzunehmen: Dieses Paar hat inzwischen seinen 30. Hochzeitstag erlebt – gemeinsam.

Ich werde noch darauf eingehen, was in diesem Fall unterstützend gewesen ist.

Nicht jede Frau formuliert die unterschiedliche Umgehens-
weise von Mann und Frau mit dem Tod eines Kindes so radikal
wie diese Mutter. Aber fast jedes Paar setzt sich im Verlauf der
Trauer um ein verstorbenes Kind mit den unterschiedlichen
Wegen, die Mann und Frau oftmals gehen, auseinander.

Trauer ist für mich in erster Linie eine menschliche Erfahrung – weniger eine spezifisch weibliche oder männliche. Es
geht deshalb in diesem Kapitel nur um unterschiedliche Umge-
hensweisen mit dem Tod eines Kindes von Mann und Frau.

Die Erschütterung über die Erkenntnis, dass *geteiltes Leid*
nicht zwangsläufig *halbes Leid* ist, sondern zunächst oft *dop-
pelte Belastung,* stürzt viele Paare in eine tiefe Krise.

Die Autorin *Sabine Naegeli* hat in einem ihrer vielen Texte
über die Verwundbarkeit von Paarbeziehungen, über das Ringen nach Sprache, über die Suche nach gemeinsamer Sprache
von Mann und Frau in existenzieller Lebenskrise (die der Tod
eines Kindes immer bedeutet) geschrieben:

> *Die Entfremdung überwinden*
> *Gott,*
> *wie qualvoll ist das,*
> *dass wir einander*
> *trotz so verzweifelten Bemühens*
> *nicht mehr verstehen.*
> *Das Wort*
> *reißt Gräben auf,*
> *statt Brücken zu bauen.*
> *Je mehr wir das Gespräch suchen,*
> *desto mehr entfernen wir uns voneinander,*
> *und jeder ist*
> *mit seiner Not*
> *allein.*
> *Du, unser Herr,*
> *ich bitte dich,*
> *gib uns die Augen deines Herzens,*
> *denn nur mit dem Herzen*
> *können wir einander*

wirklich wahrnehmen.
Jeder von uns
möchte zuerst verstanden werden.
Erneuere unsere Liebe,
damit wir zuerst
verstehen.

Die Entfremdung überwinden – bevor das gelingen kann, müssen die Ursachen für die Entfremdung der Paare – nach dem Tod eines Kindes – genau angeschaut werden. Im Allgemeinen zunächst und dann immer unter Berücksichtigung der jeweils speziellen Paarbeziehung. Verbreitet ist in unserer Kultur die Vorstellung, dass zwei Menschen, die sich miteinander verbinden, eins werden. Sie leben nach gleichen Wertvorstellungen, helfen einander in schweren Stunden. Wann immer dem einen Partner etwas Leidvolles zustößt, ist der andere da, um zu helfen. Beim Tod eines Kindes leiden jedoch *beide* unter dem gleichen schweren Verlust. Der akute Schmerz macht beide handlungsunfähig. Obwohl die Art und Weise der Trauer verschieden sein kann, sind beide am Boden zerstört. Die schreckliche Wahrheit »Unser Kind ist tot« fällt über das Paar her, über diese zwei, die eins geworden sind. Und auf einmal sind es wieder zwei. Zwei Menschen, die unterschiedlich – und damit jeder für sich – trauern. *Die Erfahrung*, dass *das Unbegreifliche oft auch das Unteilbare ist,* trifft die Paare mit voller Wucht. Vielleicht kann der eine den anderen wahrnehmen, ihn sehen in seinem Rettungsboot – er ist aber selbst so nahe am Ertrinken, dass er dem anderen nicht zu Hilfe kommen kann. Aus einem leidtragenden Paar werden zwei trauernde Hinterbliebene. Diese zwei machen die schmerzliche Entdeckung, dass sie der Verlust eines Kindes voneinander entfernt – und das in einer Lebenssituation, in der sie einander eigentlich am meisten brauchen.

Beide haben insgeheim geglaubt und gehofft, sie könnten sich in ihrer Trauer gegenseitig stützen und müssen nun erkennen, dass man sich nicht auf einen Menschen stützen kann, der selbst von einer schweren Bürde niedergedrückt wird. Beide haben in der Erwartung gelebt, dass sie alle nur erdenkliche Hilfe vom Partner bekämen und stellen nun fest, dass ausgerechnet er so ungefähr der letzte Mensch ist, der irgendeinen Beistand leisten kann.

Trauer lässt sich zwar mitteilen, aber nicht teilen. Jeder trägt sie allein, als seine eigene Last, auf seine eigene Weise. Niemand kann einem anderen die Trauer abnehmen, sie ist auch nicht zu delegieren, sie muss persönlich durchlitten und durchlebt werden.

Mit diesen grundsätzlichen Erklärungen, die wir in unseren Gruppen und in den Trauerseminaren an Paare und Einzelne weitergeben, ist häufig schon eine erste Möglichkeit gegeben, Entfremdung zu überwinden. Sie machen den Status quo in einer Beziehung transparent und die damit verbundenen Verhaltensweisen nachvollziehbar. Hilfreich ist ebenfalls, was die Autorin *Ursula Goldmann-Posch* beschreibt (von ihr stammt auch das Zitat im Untertitel zu diesem Kapitel):

Mann und Frau – das sind zwei Welten. Zwei Welten, die sich biologisch ergänzen, zwei Prinzipien, die sich im Sinne des chinesischen Yin und Yang gegenseitig ermöglichen, mitgestalten, fordern und herausfordern. Welten, die mal auseinander driften, mal magnetisch voneinander angezogen werden, immer auf der Suche nach der gemeinsamen Achse Mensch…

*Wenn es schon im Normalfall so schwierig ist, diese Welten klar zu definieren, zu wissen, was **männlich**, was **weiblich** ist, wie sehr mag das erst recht in der Trauer um ein gemeinsames Kind gelten. Um wie viel facettenreicher und komplizierter gestalten sich in diesem Sonderfall der Seele die ohnehin kaum greifbaren, schillernden Unterschiede zwischen Mann und Frau.*

Unterschiede zwischen Mann und Frau sind u.a. geprägt durch gesellschaftliche Rollenzuweisungen und Wertvorstellungen. Auch wenn wir im vergangenen Jahrzehnt Veränderungen bei trauernden Vätern feststellen konnten, gilt immer noch als tradiert und damit weit verbreitet, dass Männer Gefühle nicht zeigen sollten – und schon gar nicht ihre Tränen. Bis heute geschieht es, dass Vätern am Grab des Kindes gesagt wird: »Sei tapfer, deine Frau braucht dich jetzt.« Mehrere Väter berichten, dass sie am Arbeitsplatz oder im Freundeskreis gefragt werden: »Wie geht es deiner Frau nach diesem schreklichen Verlust?« Damit wird deutlich, dass Männer als trauernde Väter kaum wahr genommen werden oder in der »Rangfolge« (wen trifft der Verlust des Kindes am meisten?) erst an zweiter Stelle stehen und nicht gleichwertig neben der trauernden Mutter. Zudem ist der Mann auch heute noch häufig der Ernährer der Familie und muss sich möglichst schnell nach dem Tod des Kindes wieder in den Arbeitsprozess eingliedern. Das gibt ihm zum einen die Möglichkeit, sich für mindestens acht Stunden am Tag in einer vorgegebenen Struktur zu befinden, die ihn wie in einem »Gerüst« zusammenhält. Durch die erforderliche Konzentration am Arbeitsplatz ist er geschützt und wird nicht von seinen Gefühlen überflutet, an die zu denken er ohnehin keine Zeit hat. Zum anderen hat er dadurch allerdings weniger die Gelegenheit, sich in den vehementen und unterschiedlichen Gefühlen kennen zu lernen, die der Tod eines Kindes auslöst.

Einer Frau wird im Allgemeinen eher als einem Mann die Fähigkeit zugedacht, Gefühle wahrzunehmen und sie zu benennen. Ebenso geht unsere Gesellschaft davon aus, dass sie geübter darin ist, *»abschiedlich zu leben«* (Verena Kast). Verluste bestimmen das Leben einer Frau weit mehr als das eines Mannes: Das beginnt mit dem sich monatlich wiederholenden Blutverlust, kann sich fortsetzen mit einem vorzeitigen Verlust der Leibesfrucht, bis hin zur Geburt eines Kindes, bei der sie erlebt, dass das Baby, das in ihr gewachsen ist, »abgegeben wird an die Welt«.

Frauen erfahren diese Ereignisse in der Regel ganzheitlich – seelisch, körperlich und geistig. Sie setzen sich emotional, mental und intellektuell mit diesen Lebensthemen auseinander. Sie haben häufiger als Männer die Gelegenheit, sich vertraut zu machen mit Trennungen – durch die Trennung von Kindern, die erwachsen werden, Trennung von der Attraktivität (in Bezug auf das Jugendlichkeitsideal unserer Kultur) und Abschiednehmen von Lebensaufgaben, die sich verändern.

Vielleicht können die vorangegangenen Erklärungen dazu dienen, die häufig bestehende Kommunikationskluft zwischen Mann und Frau nach dem Tod eines Kindes ein wenig auszuleuchten und – im besten Fall – zu erhellen. Eine Kommunikationskluft entwickelt sich oft auch dadurch, dass Mann und Frau sich in großer Fürsorge füreinander gegenseitig »schonen«. Aus liebevoll gemeinter Rücksichtnahme mögen sie sich dem anderen und der eigenen Befindlichkeit in der Trauer nicht zu-muten.

Nicht selten höre ich: »Meinem Mann geht es momentan so schlecht, dass ich ihm nicht auch noch meine tiefe Verzweiflung zeigen mag.« Oder: »Gerade fühle ich mich ein wenig gestärkt. Aber ich traue mich nicht, davon meiner Frau zu erzählen, wenn ich sehe, wie sie leidet.«

Außerdem gibt es keine linearen Verläufe auf dem Trauerweg nach dem Tod eines Kindes, auch keine zeitgleichen. Trauer wird nicht nur unterschiedlich erfahren und gelebt zwischen Männern und Frauen, sondern auch Männer untereinander gehen ihren je eigenen, individuellen Weg genau wie jede einzelne Frau.

Selten befinden sich Paare an dem gleichen Punkt in ihrer Trauer, oft nicht einmal auf dem gleichen Weg, und manchmal gar haben sie das Gefühl, auf verschiedenen Planeten zu leben. Wenn es ihnen gelingt, das Schweigen zu brechen und sich von den verschiedenen Planeten, den ungleichen Wegen, den entfernten Punkten, an denen sie sich befinden, zu erzählen – dann ist schon viel gelungen.

Das Schweigen brechen

Nicht darin
liegt die Behutsamkeit,
dem geliebten Menschen
mein Leiden
zu verbergen,
sondern ihm zu erlauben,
es mit mir zu teilen.

Oh Gott,
ich konnte es dem geliebten Menschen
bisher nicht sagen,
in welch ausweglose Not
mein Leben geraten ist.
Ich habe Angst,
ihm Lasten aufzubürden,
die für ihn
zu schwer sind.

Ich habe Angst
ihn zu erschrecken
und ratlos zu machen.
Seinem Fragen
bin ich ausgewichen.
Aber heute
habe ich gespürt,
wie schmerzlich es für ihn ist,
ausgeschlossen zu sein
von dem, was mich umtreibt.
Ich lasse ihn
mit allem Suchen und Vermuten
allein.
Gib mir behutsame Worte,
mich aufzuschließen.
Gib uns die Kraft,
die Last
in Liebe
miteinander zu tragen.

Sabine Naegeli

Die Last in Liebe miteinander zu tragen – Paare in diesem Bemühen zu unterstützen, ist eines unserer Anliegen in der Begleitung von Gruppen und bei den Trauerseminaren. Das gelingt nicht immer, in Einzelfällen haben wir Trennungen erlebt. Diese waren aber meistens nicht Folge des Todes, sondern ließen bei differenzierter Betrachtung erkennen, dass Trennendes schon vorher in der gemeinsamen Biografie der Partnerschaft vorhanden gewesen ist. Unter so genannten »normalen« Bedingungen, das heißt ohne extreme Belastungssituationen, war das Trennende zu kompensieren oder auch zu verdrängen. Der Tod eines Kindes setzt die Verdrängungsmechanismen und die Kompensationsmöglichkeiten außer Kraft. Das Trennende zeigt sich wie unter einer Lupe klar und deutlich. Es gibt keinen »Weichspüler« mehr, der die Härten nehmen könnte.

Immer wieder wird in der Literatur von der hohen Trennungsrate von Paaren nach dem Tod eines Kindes geschrieben – häufig wird in dem Zusammenhang eine Angabe von 80 % genannt. Ich habe nie die Quelle – einen Nachweis in einer Studie zum Beispiel – für diese Angabe entdecken können. Lesern und Leserinnen dieses Buches, die nähere und genauere Angaben dazu machen können, wäre ich von Herzen dankbar für die Information an den Verlag. Aus der praktischen Erfahrung in der Begleitung trauernder Eltern kann ich zustimmen, wenn mit diesen 80 % gemeint ist, dass Paare nach dem Tod eines Kindes in eine vorübergehende Krise geraten. Ein einziges Mal habe ich erlebt, dass eine Frau am Tag nach der Beerdigung des Sohnes in Absprache und im Einvernehmen mit dem Mann aus der gemeinsamen Wohnung ausgezogen ist und damit gleichzeitig eine endgültige Trennung eingeleitet hat. Sie erzählte mir schon vor der Beerdigung, dass das einzig Verbindende zwischen ihr und ihrem Mann der gemeinsame Sohn gewesen ist, der fünf Jahre alt wurde. Beide hatten die Partnerschaft nur wegen des Kindes aufrecht erhalten. Mit dem Tod des Sohnes war dieses einzig Verbindende in der Beziehung weggebrochen. Diese Trennung war einfach nur folgerichtig und konsequent. Bei allen anderen Paaren, die ich begleiten durfte und begleite, steht das Ringen, das Bemühen um die Fortsetzung der Beziehung im Vordergrund. Sie sind sich dessen sehr bewusst, dass es keinen anderen Menschen gibt, mit dem sie die Erinnerung und das Gedenken an das verstorbene Kind auf diese einmalige Weise bewahren könnten.

Was für das Trennende gilt, gilt auch für das Verbindende in einer Partnerschaft: alles Beglückende, das Gemeinsame, das Tragende in einer Beziehung multipliziert und verdichtet sich gleichermaßen und wird wahrgenommen und erkannt als ein großes Geschenk, eine Kostbarkeit, die es zu schützen und zu pflegen gilt.

Ganz in diesem Sinne sind auch folgende Anregungen zu verstehen

Anregungen für Paare im Umgang miteinander

Howard Cupp, ein Mitglied der amerikanischen Selbsthilfebewegung The Compassionate Friends (TCF, deutsch: Mitfühlende Freunde), zeigt Paaren, wie sie mit ihrer Trauer zusammen besser umgehen können (zitiert nach einem Handblatt von TCF):

- Gebt eurer partnerschaftlichen Beziehung höchste Priorität.
- Bemüht euch um Offenheit und Ehrlichkeit.
- Akzeptiere deinen eigenen Schmerz. Sei gewillt, darüber zu sprechen und auch deinem Partner Gelegenheit zu geben, seinen Schmerz auszudrücken.
- Hab Geduld mit deinem Partner und mit dir selbst. Sei dir bewusst, dass dein Partner nicht an derselben Stelle in seinem Trauerprozess steht wie du, und dass das in Ordnung ist.
- Erwarte nicht, dass dein Partner der einzige Mensch ist, der dir hilft, wieder heil zu werden.

- Konzentriert euch auf eure Zuneigung füreinander und lernt und übt, wie ihr sie ausdrücken könnt. Körperliche Nähe und Berührung sind in dieser Zeit besonders wichtig.
- Erlaubt einander Raum in eurer Beziehung. Jeder Mensch braucht eine gewisse Privatsphäre bezüglich seiner Gefühle, auch seiner Trauer.
- Gebt einander Erlaubnis, das Leben und den anderen zu genießen. Es ist gut, miteinander lachen und auch weinen zu können. Überlegt zusammen, was ihr tun könnt, was Freude bringt.
- Unterstützt einander in dem Gedanken, dass das Leben noch mehr ist als euer verstorbenes Kind. So wichtig euch dieses Kind auch ist und so weh auch sein Tod tut, es gibt noch so viel anderes, worauf ihr euch zusammen konzentrieren könnt.

Zurück zu der Mutter, die sich scheiden lassen wollte. Zunächst habe ich mit ihr vereinbart, im ersten Jahr nach dem Tod des Kindes keine radikale Veränderung durchzuführen. Wir sind übereingekommen, nach einem Jahr – sollte sich ihre Entscheidung, ihre Sicht auf die Beziehung nicht schon vorher geändert haben – noch einmal genau ihre Partnerschaft zu betrachten. Da der Mann nie an den Gruppenabenden teilnahm, ich ihn auch nie kennen lernte, versuchte ich ein wenig, »Sprachrohr« für ihn zu sein, eigentlich eher eine Dolmetscherin, Übersetzerin: Das heißt, immer, wenn die Frau etwas von ihrem Mann erzählte, bemühte ich mich, ihr zu »übersetzen«, was er damit gemeint haben könnte. Ich ließ mir viel von ihr über ihn und die Partnerschaft erzählen.

Immer schon war er eher schweigsam als redselig gewesen. Sie hatte sich ursprünglich in ihn wegen genau dieser Fähigkeit zum Hin- und Zuhören verliebt. Zu Lebzeiten ihrer Tochter, die ebenso extrovertiert gewesen sei wie die Mutter es ist, hatte sie ihren Mann als ruhenden Pol zwischen zwei lauten und ewig plappernden Frauen erlebt. »Wenn er auch noch so gewesen wäre wie wir – nicht auszuhalten!« Sie erkannte auch, dass ihr Kommunikationsbedarf durch die temperamentvolle Tochter abgedeckt worden war und dass ihr Mann in der Vergangenheit wenig Gelegenheit hatte, *ihr* Gesprächspartner zu sein. Sie bemühte sich im Verlauf einer langfristigen Begleitung in der Gruppe sehr, auch seine Position als »Außenseiter« einer engen und intensiven Mutter-Tochter-Beziehung nachzuvollziehen.

Gestützt und gefördert wurde dieser Entwicklungsprozess von den Erfahrungen der anderen teilnehmenden Mütter und Väter, die diese in die Gruppe einbrachten. Gegenseitig rieten sie sich, Geduld und langen Atem zu haben und zunächst einmal nur die »andere Trauer« von Männern zu akzeptieren – auch wenn sie für einige Frauen oft nicht zu verstehen war. Immer häufiger berichtete die Mutter davon, wie wohltuend es für sie sei, ihrem Mann von den Gruppenabenden zu berichten, an denen er aus der Distanz großes Interesse hatte. Oft war sie dankbar für die »Lieblingsbeschäftigung« ihres Mannes – das Zuhören. Diese beiden Menschen lernten sich ganz neu kennen – als Paar. Der Schmerz über den Tod des geliebten einzigen Kindes ist ihr Lebensbegleiter geblieben, aber sie haben es geschafft, neue gemeinsame Interessen zu entwickeln und zu pflegen und ihrem Leben neuen Sinn zu geben, der sich vor dem Tod der Tochter unbewusst nur über das Kind definiert hatte.

In unseren Trauerseminaren und in den Gruppen lernen wir Väter kennen, die wohl »anders« trauern als Mütter, aber nicht weniger ... Die Begegnung und Berührung mit ihnen, die differenzierte und gefühlsbetonte Auseinandersetzung mit dem Tod des Kindes ist eine Bereicherung für alle Teilnehmerinnen und nicht zuletzt für die Menschen, die sie begleiten.

Da es weitaus mehr Bücher und Berichte zum Thema »Tod eines Kindes« gibt, die von Frauen geschrieben worden sind als von Männern, nehme ich im Anhang die Bücher, die Väter geschrieben haben, gesondert auf. Es sind kostbare Selbstzeugnisse, die Vorurteile auflösen und bestehende Meinungen widerlegen können. Sie geben Einblick in reiche Gefühlswelten von trauernden Vätern.

Zwei Beispiele dafür, wie differenziert und vielschichtig sich Männer mit dem Tod ihrer Kinder auseinander setzen, sind im Anschluss daran zu lesen.

Gert Richter gibt Einblick, eine »Innenansicht«, in seinen Trauerweg, der den Selbst- und Weltbezug beleuchtet und sein Ringen um Glaubensfragen, seine Suche und sein Finden in der Spiritualität nachzeichnet.

Jan Salzmann schreibt in erster Linie als betroffener Vater und legt in einem zweiten Schritt als Arzt dar, was »gesund machend« und »krank machend« auf dem Weg durch die Trauer sein kann.

Er hat übrigens auch den viel beachteten Beitrag geschrieben »Gute(r) Hoffnung nach jähem Ende.. Folgeschwangerschaften nach Fehlgeburt, Totgeburt und Säuglingstod« in: Tod am Anfang des Lebens. Jahresheft Vewaiste Eltern Hamburg e.V.

Trauer
eines Vaters

Ich habe seinen Rand gesehen

Gert Richter

Sommerferien 1997. Wie jedes Jahr.
Drei Wochen Windsurfing auf dem Fjord. Wie jedes Jahr.
Eine glückliche Zeit! Wie jedes Jahr.
In unserem Urlaubsgepäck: Viele Bücher. Wie jedes Jahr.
Eines davon: Zeitgemäße Einführung in die Lehre des Buddhismus.

Entschieden weisen wir die erste der »vier edlen Weisheiten« – »Leben ist Leiden« – zurück, sehen in dem Satz eine unzulässige Verallgemeinerung, eine pessimistische Übertreibung, können ihn in unserer vielleicht noch oberflächlichen Sichtweise so nicht stehen lassen. Warum auch? Wir sind doch eine harmonische Familie mit zwei gesunden Kindern, einem 14-jährigen Mädchen und einem 11-jährigen Jungen, die Begabungen in ihr Leben mitgebracht haben und die Freude am Dasein zeigen.

Gewiss, auch wir haben unsere Sorgen und Schwierigkeiten im Alltag, aber doch immer irgendwie tragbar oder überwindbar, nicht unter die Kategorie Leiden zu bringen.

Nein, wir leiden nicht wirklich. Wir sind zufrieden. Aber auch dankbar.

Ich sitze auf einer Bank am Hafen und beobachte den liebevollen Umgang eines Elternpaars mit seinem behinderten Sohn.

Nichts ist selbstverständlich. Auch unsere beiden gesunden, sich gut entwickelnden Kinder sind es nicht. Sie sind ein Geschenk. Ich glaube vom Schicksal begünstigt zu sein. Ich fühle so etwas wie Demut.

Wind und Sonne, Traumkonstellation des Windsurfers.

Was ich erlebe, versetzt mich in ungläubiges Staunen: Unsere Tochter Nina, die erst vor drei Jahren das Windsurfing erlernt hat, überrascht mich mit einer Körper- und Materialbeherrschung, die in ihrem Lernstadium nicht zu erwarten ist. Woher nur sind ihr so plötzlich solche Kräfte zugewachsen? Ich stehe vor einem Rätsel.

Stundenlang gleiten wir über das Wasser, sind wie besessen. Als wir es endlich verlassen, spüren wir Erschöpfung und Glück in einem, spüren erfülltes Sein.

Schweigend, das Glücksmoment auskostend, gehen wir Seite an Seite. Schweigend greift sie nach meiner Hand, schweigend setzen wir Hand in Hand unseren Weg zum Sommerhaus fort. Ich spüre eine besondere Nähe. Abends stehen wir zusammen am Fjord, sehen die Sonne langsam im Meer versinken, lassen unsere Seelen von diesem Naturschauspiel berühren.

Gegenlichtaufnahme: Ninas zärtliche Umarmung ihrer Mutter. Es wird ein beeindruckendes Bild, voller Innigkeit, Sanftheit, Weichheit, Wärme.

Später entsteht aus diesem Bild in den Händen ihrer Großmutter eine wunderbare Tonskulptur, welche uns durch unseren Traueralltag begleiten wird.

Szenenwechsel: Wir sitzen im Auto, wollen ein Sonnenbad in den Nordseedünen nehmen.

Nina stimmt mit ihrem Bruder eine bekannte Melodie an, in der sie alle Menschen aufzählt, die in ihrem Leben Bedeutung haben. So, als wolle sie diese gegenwärtig machen, um sie noch einmal zu umschließen. Ich wundere mich.

In den Dünen posiert sie mit ihrem Bruder vor der Kamera. Was hat sie vor dem Urlaub gesagt? »Mama, lass uns dieses Jahr ganz viele Fotos machen!« Fotos sind ihr wichtig.

Als sie 12 Jahre ist, schreibt sie in einem Weihnachtsbrief an ihre Großeltern, dass leider zu Jesu Zeiten der Fotoapparat noch nicht erfunden war, weshalb ein beweiskräftiges Krippenbild nicht entstehen konnte, so dass viele Leute an seiner Existenz Zweifel haben.

Daneben klebt sie ein Passfoto von sich und versieht es mit dem Satz: »Wenn ich mal nicht mehr da, weiß man durch dieses Foto, dass ich einmal war.«

Die in den Dünen gemachten Fotos, die sie nicht mehr sehen wird, werden später zu Kostbarkeiten, drücken sie doch die geschwisterliche Zuneigung aus, welche in den letzten Jahren so unverkennbar gewachsen ist.

Auf einer anderen Fahrt an die Nordsee möchte sie etwas über ihren Erbhintergrund erfahren, ihren physischen Ursprung erkennen.

Wenn wir nicht aufs Wasser gehen, weil der Wind ausgeblieben ist, zieht sie sich oft mit dem Notizblock in einen stillen Winkel am Fjord zurück. Manchmal bleibt sie so lange fort, dass wir Unruhe verspüren.

Als wir nach ihrem Tod die Aufzeichnungen finden, erkennen wir ihr Schreibmotiv: Ihr Verhältnis zu Mitmenschen in Schule und Reitstall zu überdenken, Überlegungen zur Erhöhung der eigenen Akzeptanz anzustellen, Antworten auf Sinnfragen des irdischen Lebens zu finden. Wir sind vom Tiefgang überrascht.

Ich nehme an ihr jetzt eine Wärme, eine Sanftheit, eine Ausgeglichenheit wahr, wie es für ein junges Mädchen in der Phase der Selbstfindung eher untypisch ist. Ich spüre große Nähe und bin doch irgendwie irritiert.

Wir bemerken, dass es ihr wichtig ist, mit uns gemeinsam zu frühstücken, statt lange auszuschlafen.

Als der von so viel Harmonie bestimmte Urlaub zuende geht, sind wir uns einig: es hat bisher keinen schöneren gegeben. Wir sind uns alle vier so nah und uns genug gewesen. Wir haben intensiv miteinander geredet, gespielt, gelacht, gedacht – wir haben intensiv miteinander gelebt. Ist er ein Glanzpunkt, ein abschließender Lichtpunkt?

Auf der Rückfahrt sitze ich mit Nina allein im Auto. Sie ist so schweigsam.

Wie jedes Jahr: Auf der Durchreise besuchen wir meine Eltern. Zwei alte, noch selbstständige Menschen, denen der vorzeitige Tod ihrer Tochter die Lebensfreude nicht hat nehmen können.

Nicht wie jedes Jahr: Nina befragt ihre Großmutter in auffällig eindringlicher Weise, will alles über ihre verstorbene Tante, die sie so gemocht hat, wissen. So, als wolle sie sich auf eine Wiederbegegnung vorbereiten.

Nicht wie jedes Jahr: Gute Freunde von uns, Nachbarn der Eltern, werden von meiner Mutter zu einer gemeinsamen Tasse Kaffee im blühenden Garten geladen. Sie haben in einer Eingebung ihren Fotoapparat mitgebracht.

Es werden wunderbare Aufnahmen, auf denen auch Außenstehende die weichen, fast engelhaften Züge an Nina nicht übersehen können. Es sind die letzten Aufnahmen von ihr, welche sie nicht mehr sehen wird. Auch sie werden zu einem Vermächtnis.

Wir kehren in unser Haus zurück.

Wie jedes Jahr: Die Kinder freuen sich, wieder in ihrer vertrauten Umgebung zu sein. Sie lieben unser Haus, unseren Garten.

Schon öfter hat Nina bemerkt, dass sie eine schöne Kindheit gehabt hat, dass sie es eigentlich nicht besser hätte haben können.

Später finden wir Aufzeichnungen von ihr, in denen sie unter dem Eindruck eines Kinderschicksals in der Dritten Welt Dankbarkeit empfindet, wenn ein Sonnenstrahl in ihr Zimmer fällt.

Der Schrank in ihrem Zimmer, den sie vor den Sommerferien ausgeräumt hat, steht noch immer leer. Verstreut liegt alles, was sie in den letzten Jahren im Stil einer kleinen Archivarin so liebevoll und sorgfältig gesammelt, geordnet, beschriftet hat, auf dem Fußboden herum und wartet darauf, wieder eingeräumt zu werden.

Als wir sie bitten, mit der Aktion zu beginnen, winkt sie ab mit der Begründung, die Sachen könnten auf den Dachboden, sie brauche sie jetzt nicht mehr. *Nein, sie brauchte sie jetzt wirklich nicht mehr.*

In den wenigen Tagen, die ihr das Leben noch bescheren wird, kostet sie dieses aus, wie sie es immer getan hat. In meiner

Konfirmationsrede, die ich für sie aufbewahrt habe, finde ich den Satz: »Du verstehst es, die Aktivitätsfülle des Tages selbstdiszipliniert und selbstbestimmt zu organisieren. So habe ich dich schon oft bewundert, wenn du in der Frühe, wenn andere sich in ihrem Bett noch einmal genüsslich umdrehen, bei Wind und Wetter zu deinen geliebten Pferden fährst. Überrascht bin ich immer wieder, wenn du nach einem überaus aktiven Tag in den Nachtstunden noch konstruktive Energien entfalten kannst, oftmals, um dich zu reorganisieren, das heißt äußere und innere Ordnung wieder herzustellen.«

Der Tag hat für sie immer zu wenig Stunden. Weiß sie im Unterbewusstsein von der Kürze ihres irdischen Lebens?

Morgens sitzen wir gemeinsam beim Frühstück im Garten, dessen Grün in unserer Abwesenheit explodiert zu sein scheint. In die so friedliche Atmosphäre hinein erzählt Felix seinen Traum, den er in der vergangenen Nacht gehabt hat: Nina sei getötet worden, am Ende des Traums aber wieder lebendig gewesen. Danach seien viele Luftballons zum Himmel aufgestiegen. Den Ort des Geschehens kann er genau beschreiben.

Wir sehen Felix an, halb mitfühlend, halb schmunzelnd.

Für einen kurzen Moment regt sich bei mir der Gedanke, Nina heute nicht aus den Augen zu lassen. Doch ich scheue mich, den Gedanken auszusprechen. Ich will sie nicht verunsichern, beruhige mich schließlich damit, dass solche Todesträume nichts Außergewöhnliches sind.

Nina verabschiedet sich. Sie will den Tag auf dem Reiterhof verbringen. Sie liebt Pferde, ist eine begabte Reiterin.

Ich nehme ein langes blondes Haar von ihrer schmalen Hüfte, die durch die eng anliegende Reithose so schön betont ist. Es wird meine letzte Berührung sein. Ich spüre wieder ihre Sanftheit, habe ein zärtliches Gefühl für sie.

Nachmittags, nach einer ausgedehnten Tour auf Inline-Skates durch die Marsch, sitzen wir im Garten meiner Schwester.

Seit Wochen schon plagen mich starke Schmerzen in der Hüfte, die trotz Einnahme von Medikamenten nicht weichen wollen.

Jetzt, in diesem Moment, von einem Augenblick auf den anderen, so völlig unvermittelt sind sie verschwunden. Gänzlich. Ich habe keine Erklärung. Jetzt, in diesem Moment, von einem Augenblick auf den anderen, so völlig unvermittelt, schleicht der Hund, der gerade noch ausgelassen mit unserem Sohn gespielt hat, bedrückt um den Rhododendron und verkriecht sich. Wir haben keine Erklärung.

»Momentversagen« lautet die Überschrift des Artikels in der Zeitung, der später über den Prozess gegen den Unglücksfahrer berichten wird.

Und dieser Moment ist an einem warmen Sommertag, einem Dienstag, eine viertel Stunde nach vier Uhr am Nachmittag, als der Schmerz urplötzlich von mir abfällt und der Hund traurig ist.

Als wir nach Hause kommen, ist Nina nicht da. Sie ist mittags zurückgekehrt, hat sich etwas zu essen gemacht, sich in die Sonne gesetzt, Musik gehört – »Tears in Heaven« von Eric Clapton – und ist dann mit meinem Fahrrad erneut zum Reiterhof aufgebrochen. Alles hat sie ordentlich hinterlassen.

Ungewöhnlich: Die Terrassentür steht auf. Ungewöhnlich: Sie hat ihre Armbanduhr, die sie sonst nie ablegt, zurückgelassen.

Als das Telefon klingelt, erfahren wir von ihrer Freundin, dass sie zur verabredeten Zeit auf dem Hof nicht erschienen ist. Ungewöhnlich bei ihrer Verlässlichkeit.

Mein Sohn und ich begeben uns sofort auf die Suche. Ich kann meine Angst kaum noch verbergen. An einem See – einem Ort, mit dem mich die schönsten Momente meines Pädagogendaseins verbinden – treffe ich einen ehemaligen Schüler, inzwischen selbst schon Vater. Er erkundigt sich freundlich nach meinem Befinden, ich beschreibe ihm meine Lage und schon im Weitergehen überfällt mich der Gedanke, dass er morgen in der Zeitung über den Tod meiner Tochter lesen wird.

Ich ahne ihren Tod. Ich bin mir fast sicher.

Als wir den See umrundet haben, kommen uns zwei Polizeibeamte entgegen. Ich bin auf die Nachricht gefasst. Sie taxieren uns, gehen dann aber an uns vorbei. Ich atme durch. Ist der Kelch an uns vorübergegangen? Plötzlich drehen sie sich um und sprechen meinen Namen aus. – Ich habe es gewusst.

Wir fahren an der Unfallstelle vorbei. – Momentversagen!

Vor unserem Haus stehen Polizei und Notarztwagen. Wir halten uns fest.

Man rät uns dringend ab, unsere Tochter noch einmal zu sehen. Wir willigen ein. Gegen die innere Stimme. Momentversagen?

Zwei Tage später stehen wir vor ihrem verschlossenen Sarg. Ich spreche lange zu ihr. Ich spüre, sie hört mich.

Ein Nachbar hat sie zuletzt gesehen. Ein blondes, schlankes, langbeiniges, sonnengebräuntes Mädchen in einem Minirock auf einem Herren-Moutainbike übersieht man nicht.

An jener Stelle, an der unser Sohn in der letzten Nacht ihren Tod geträumt hat, radelt sie auf dem Radweg an ihm vorbei. Wenige hundert Meter weiter erfasst sie ein schwerer LKW beim Einbiegen auf eine Einfahrt und beendet ihr irdisches Leben. An einem warmen Sommertag, einem Dienstag, eine viertel Stunde nach vier Uhr am Nachmittag.

»Ein sinnloser Tod«, sagt derselbe Nachbar später. Der Satz klingt nach, ist bis heute nicht verklungen.

Die Vorstellung, meine Tochter sei einen sinnlosen Tod gestorben, ist mir unerträglich. Es gibt keinen sinnlosen Tod. Gibt es überhaupt Sinnlosigkeit? Hat nicht alles irgendwie einen Sinn? Es gibt höhere Sinnzusammenhänge, eine andere Realität, aber der Blick auf diese bleibt verstellt, weil unsere Sinne für ihr Erkennen nicht geschaffen sind. Und so neigen wir dazu, das Unfassliche mit dem Sinnlosen gleichzusetzen.

Noch spüre ich dieses nur intuitiv, bis es später mir zur Gewissheit wird.

Von Beginn an sperre ich mich gegen eine vordergründige kausal-logische Erklärung des Unfallgeschehens. Alle wollen es so sehen: Eine klassische Konstellation: Rechtsabbieger, toter

Winkel, Aufmerksamkeitsdefizit, Verkettung unglücklicher Umstände – Zufall.

Zufall? Soll meine Tochter nur zufällig vorzeitig gegangen sein? Unannehmbar! Sie ist weder sinnlos noch zufällig vor der Zeit gegangen.

Was alles muss zusammenkommen, damit der Zufall entsteht? Bruchteile von Sekunden haben über Ninas Tod entschieden. Bei dem Schweizer Rückführungstherapeuten Gostonyi lese ich später über kosmische Engel, Ingenieure, wie er sie nennt, die auf der kosmischen Ebene das Ereignis bis ins Detail vorbereiten, damit es auf der materiellen Ebene entsprechend dem Durchführungsplan eintreten kann.

Ich glaube daran: Nina ist am Kreuzweg ihres Schicksals angelangt, der für sie bestehende Plan ist erfüllt worden. Ein LKW-Fahrer ist der Erfüllungsgehilfe. Sehr früh setzt sich dieser Gedanke bei mir fest.

In der Rekonstruktion der Unfallursache wird festgestellt, dass der Fahrer sie hätte sehen können, sehen müssen. Ich habe keinen Zweifel: Er sollte sie nicht sehen. Nur Sekunden bevor das Unfassliche eintritt, ist er an ihr vorübergefahren. Hassgefühle und Vergeltungsgedanken erfassen mich nur für kurze Zeit und können keine Macht über mich gewinnen.

Ein Jahr nach ihrem Tod findet der Prozess gegen den Unglücksfahrer statt. Beim Lokaltermin zur Nachstellung des Unfallgeschehens gehen wir, wie von unsichtbarer Seite geführt, auf den Menschen zu, durch den uns unser Kind genommen wurde. Wir geben ihm die Hand und finden Worte des Verzeihens.

Schnell wächst bei uns die Überzeugung, dass wir Vorzeichen bekommen haben, Vorzeichen, die uns ihren Tod ankündigen sollten. Wir spüren: Nina hat um ihren frühen Tod gewusst, nicht in ihrem Wachbewusstsein, aber im tiefsten Innern ihrer Seele. Die Seele kennt ihren Weg.

Ist Skepsis angebracht? Sind wir Opfer von Wunschdenken und Projektionen? Ist alles nur Spekulation? Immer wieder stelle ich mir diese Frage. Als uns auch nach ihrem Fortgang Zeichen erreichen, viele Zeichen, ist die Frage für uns beantwortet.

Drei Tage nach ihrem Tod treffen wir auf einer Autobahnraststätte einen buddhistischen Lama. Er ist unterwegs zu einem Sterbebegleitseminar. Unmittelbar vor unserem Treffen hat er bereits anhand eines Fotos von Nina Kontakt zu ihr aufgenommen.

Zwei Sätze von ihm haben sich mir eingeprägt: *Nina ist auf dem Weg ins Licht, sie hat ein gutes Karma. Die Liebe, die du Nina jetzt nicht mehr geben kannst, gib sie deinen Schülern!*

Der erste Satz und die Ausstrahlung des Mannes versetzen uns in eine fast euphorische Stimmung. Gibt es Trost, auch wo es eigentlich keinen gibt und jedes Wort zu viel sein kann?

Der Imperativ überfordert mich, auch heute noch, vier Jahre danach. Ninas Fortgang hat keine überschüssigen Liebesenergien bei mir freigesetzt. Ich habe jetzt nichts über.

Das Band der Liebe zu ihr hat an Umfang zugenommen. Meine Gedanken gehen immer wieder zu meiner Tochter, sind absorbiert. Aber ich nehme an mir jetzt auch einen verstärkten Wunsch nach Selbstveränderung war.

Die etwas bescheidener formulierte »Lebensliebe« Maxime, personales Leben eher zu mehren denn zu mindern, hat für mich an Bedeutung gewonnen. Ich nehme sie als göttlichen Auftrag, bemühe mich um mehr Sensibilität für ihre Erfüllung im praktischen Leben.

Getauft, konfirmiert, beerdigt in kurzer Abfolge. Es ist ihre Bestimmung.

Die Taufe bedeutet ihr viel mehr als die Konfirmation. Ihr Taufspruch, den sie sich ausgesucht hat, stammt aus dem Evangelium des Lukas: »Und wie ihr wollt, dass euch die Leute tun sollen, also tut ihnen auch.«

Ist es ihr in ihrem kurzen Leben gelungen, diese »Goldene Regel« einzuhalten?

Sie hat ein gutes Karma, hat der Lama gesagt.

Ihr Konfirmationsspruch ist dem Johannesevangelium entnommen: *Ich bin das Licht der Welt. Wer mir nachfolgt, der wird nicht wandeln in der Finsternis, sondern wird das Licht des Lebens haben.*

In meiner Tischrede über Licht und Finsternis bemerke ich, wie sehr ihr Leben bisher von Licht erfüllt ist. Wiederholt hat sie ihre glückliche Kindheit betont, hat intuitiven Zugang zum Glauben gefunden.

Ich ahne nicht, wie finster es bald um uns werden soll.

Die Kirche ist bis auf den letzten Platz gefüllt. Sie mochte es, wenn viele Menschen um sie herum waren. Wo ist sie jetzt? Wie fühlt sie sich jetzt? Hat sie Verbindung mit uns? Die Trauerrede der jungen Pastorin ist von Hoffnung getragen. Wir werden einander wieder begegnen.

Kurz vor den Ferien hat sie sich eine künstliche Sonnenblume in ihr Zimmer gestellt. Die Blume gilt als christliches Symbol der Hingabe an Gott. Über ihren Sarg ergießt sich ein Meer von Sonnenblumen. Als er hinabgesenkt wird, erscheint über unserem Dorf ein Regenbogen.

Später lese ich bei dem Spiritualisten *Maurice Barbanell* diese Worte:

Niemals habe ich bei einer Beerdigung von Trauer für die Verstorbenen gesprochen, sondern nur für die Hinterbliebenen, die den leiblichen Verlust zu ertragen haben. Ich habe immer Freude und Dankbarkeit dafür zum Ausdruck gebracht, dass ein Mensch von seiner irdischen Knechtschaft befreit wurde, um ein volleres, reicheres und größeres Leben zu beginnen.

Die Worte haben mich erreicht.

Nina ist in eine andere, bessere Realität hinübergewechselt, hat uns in der irdischen Realität zurückgelassen, in der wir jetzt ohne sie unseren Weg fortsetzen müssen.

Aber wie wird dieser Weg sein? Wohin wird er führen? Wird er nur ein endloser Weg des Leidens sein oder auch ein Weg der inneren Entwicklung, der Entfaltung unserer Seele? Es wird gesagt, Leiden sei hierfür Bedingung. Werden die Lektionen des Lebens erst in der Dunkelheit gelernt? Ist Leiden wirklich der Katalysator seelischen Wachstums? Muss ich gar dankbar sein für die Chance, meiner eigenen Vollkommenheit ein Stück weit näher zu rücken? Oder zerbrechen wir an unserer Trauer, ergeben uns in grenzenloses Selbstmitleid, spüren nur noch den Wunsch, die Seiten zu wechseln, Nina zu folgen? Werden wir unseren Trauerweg gemeinsam gehen? Oder wird er uns voneinander wegführen?

Ich lese etwas über die hohe Scheidungsquote bei verwaisten Eltern und spüre Angst in mir aufsteigen.

Dass es Leiden gibt, sagt Buddha, und dass es einen Ursprung des Leidens gibt, das Verlangen. Aber gibt es auch einen Weg aus dem Leiden heraus, wie es seine Lehre besagt? Und was muss ich tun, um ihn zu gehen? Ich werde lernen müssen, das Leiden zu akzeptieren, als Zustand, durch den ich hindurchgehen muss. Nicht ich leide, sondern es leidet in mir.

Hat die Es-Perspektive schmerzlindernde Wirkung? Noch kann ich es mir nicht vorstellen.

Ich darf der Trauer nicht ausweichen, aber ich darf mich auch nicht von ihr in Besitz nehmen lassen.

Wann beginnt Trauer pathologisch zu werden? Gibt es überhaupt eine pathologische Trauerreaktion? Wer maßt sich an, darüber zu urteilen? Ein Vertreter der »modernen Priesterschaft«, ein Psychotherapeut, bei dem ich einige Monate nach Ninas Tod bin, diagnostiziert »Verlängerte Trauerreaktion«. Wer bestimmt, wie lange ich trauern soll, trauern darf?

Ich weiß, dass mein Leiden nur weichen kann, wenn ich seinen Ursprung, das Verlangen, Nina in ihrer physischen Existenz wieder hier zu haben, aufgeben kann. Ich erkenne: Loslassen ist nicht Gegenstand meiner freien Willensentscheidung, sondern ein langer emotionaler Prozess, der viel Geduld von mir erfordern wird. Ich lese bei Anselm Grün über den Engel der Geduld: *Geduld ist (...) nicht passives Erleiden, sondern Aushalten und Durchhalten.*

Ich muss also durch die Trauer aktiv hindurchgehen. Werde ich es schaffen? Ist sie wirklich nur Durchgangsstation? Wann wird es wieder Licht in unserem Leben geben?

Ich bin verzweifelt. Ich weine viel. Ich spüre die entlastende Wirkung des Weinens. Wenn ich weine, fühle ich mich ihr besonders nah. Darf ich weinen? Ich lese, dass wir durch übermäßige Trauer die Seelen der Verstorbenen belasten, sie in ihrer weiteren Fortentwicklung behindern. In der Geschichte vom »Tränenkrüglein« werden wir darüber belehrt: Ein verstorbenes Kind erscheint seiner grenzenlos trauernden Mutter und bringt ihr einen Krug, in dem der Engel der Trauer ihre vergossenen Tränen gesammelt hat. Es erklärt, dass der Krug überlaufen werde, wenn sie nur noch eine Träne weine und seine Seele dann keine Ruhe finden könne. Es teilt der Mutter mit, dass es glükklich und gut aufgehoben sei und entschwindet. Die Mutter aber weint fortan keine Träne mehr um ihr Kind.

Ich lasse keine Schuldgefühle aufkommen. Wenn die Sehnsucht mich überfällt, der Schmerz unerträglich wird, werde ich weiterhin weinen. Nina wird mich verstehen. Kann sie uns helfen?

Noch sehen wir uns nicht in der Lage, die Arbeit wieder aufzunehmen. Wir lesen viel, unendlich viel über Erfahrungen von Menschen, mit denen wir unser Schicksal teilen. Hat Lesen heilende Kraft? Psychologen sprechen von Bibliotherapie. Ich spüre zuweilen eine betäubende Wirkung. Vielleicht hat die Bewusstmachung dessen, dass wir nicht allein dastehen, dass es so viele Eltern gibt, die den Verlust eines Kindes zu beklagen haben, einen Entlastungseffekt. Später stoße ich auf die Geschichte vom »Senfkorn«, in der Buddha einer Frau, die ihr einziges Kind verloren hat, durch praktische Bewusstmachung, dass niemand von Leid verschont bleibt, über ihren ersten Verlustschmerz hinweg hilft.

Mein eigenes Leid macht auch mich für die Leiderfahrungen anderer Menschen viel sensibler. Lernen wir erst durch eigenes Leid, was echtes Mitgefühl ist?

Wir gehen jetzt viel in die Natur. Ein schöner Spätsommertag. Weidende Schafe am Deich. Ein Fischteich, umgeben von hohen Pappeln und Weiden. Glitzereffekte auf Blättern und Wasser. Wunderbares Licht. Stille. Frieden. Irgendwie besonders.

Wir gehen nebeneinander her, mal redend, mal schweigend, mal weinend. Unsere Gedanken gehen zu Nina. Vor uns taucht ein Schmetterling auf, ein Admiral. Wir umrunden den Teich, der Admiral bleibt in unmittelbarer Nähe, verfolgt uns unablässig. Bevor er uns am Ende unseres Rundgangs verlässt, fliegt er noch einmal einen Kreis um uns, als wolle er sich verabschieden. Wir sind ergriffen.

Wenn dich plötzlich das starke Gefühl erfasst, der, den du geliebt hast und liebst, sei dir nahe, er habe dir ein Zeichen gegeben, dann lass dich nicht irremachen. Nimm es an. Ich bin überzeugt, dass es mehr Verbindungen gibt zwischen denen drüben und uns hier, als die meisten von uns heute meinen. (Jörg Zink).

Wir lassen uns nicht irremachen. Wir nehmen das Zeichen an.

Der Ort, an dem wir zum ersten Mal nach Ninas Tod ein Zeichen bekommen haben, ist für uns zu einem Stück heilige Erde geworden. Wir haben sie inzwischen einige Male betreten. Niemals ist das Zeichen ausgeblieben. Niemals habe ich darüber gesprochen, aber die Angst, den Admiral nicht zu treffen und enttäuscht zurückzukehren, hat mich auf jedem Hinweg begleitet. Gibt es statistische Wahrscheinlichkeit oder ist sie nur eine Erfindung der Wissenschaft, so wie der Zufall?

Immer wieder bete ich für die Zeichen. Meine Bittgebete werden erhört.

Bittet, so wird euch gegeben, suchet, so werdet ihr finden, klopfet an, so wird euch aufgetan. (Matthäus 7,7).

Wer schickt uns die Zeichen, die wir mit dem Auge erblicke und mit dem Herzen erkennen? Wer sind ihre Auftraggeber? Nina? Ihre Geistführer? Unsere Geistführer? Wir sind am Ende des Wissbaren, am Ende des Wahrnehmbaren. Es gibt Transzendenz.

Ich stehe am Terrassenfenster, schaue in den Garten, fühle nichts als Schmerz, Verzweiflung. Draußen ist es kalt und windig. Kein Flugwetter für Schmetterlinge. Aber ich brauche jetzt ein Zeichen von ihr. Ich bitte inständig, Hände ringend. Ich weiß, es ist vermessen.

Im selben Augenblick fliegt er herbei. Ein Admiral! Sekundenlang flattert er aufgeregt vor der kleinen Scheibe des Sprossenfensters, bevor er entschwindet. Ich bin überwältigt, weine vor Glückseligkeit, glaube an eine Offenbarung. Ich danke Gott.

Jetzt weiß ich es ganz sicher, sie lebt, es geht ihr gut, ich brauche mir keine Sorgen um sie zu machen.

Gibt es Trost? In der zweiten Seligpreisung der Bergpredigt heißt es: *Selig sind die Trauernden, denn sie werden getröstet werden.* Geschieht dies noch in diesem irdischen Leben oder erst im Jenseits? Ich glaube eine Antwort bekommen zu haben! Wir werden getröstet. Noch hier auf Erden.

Phasen der inneren Stabilisierung werden von Phasen tiefster Depression abgelöst. Wir sind wieder in einem desolaten Zustand, wollen raus in die Natur. Im Auto schreie ich mein ganzes Elend heraus. Ich erschrecke über mich selbst. Als wir den Wagen verlassen, werden wir von einem Admiral im Gleitflug angeflogen. Einmal, zweimal, dreimal.

Bekommen wir Hilfe, wenn der Schmerz unerträglich zu werden scheint? Es heißt, niemand habe eine Last zu tragen, die über seine Kräfte geht. Ich schöpfe neuen Mut.

Ich spiele wieder Tennis. Medenspiele. Bewegung ist Balsam für meine angeschlagene Seele. Ich weiß um die überlegene Spielstärke meines Gegners, bin überzeugt, schon aufgrund meiner labilen Psyche in ein aussichtsloses Match zu gehen. Ich stehe auf dem Platz, um ihn vor dem Spiel noch einmal zu wässern.

Ein Schmetterling umkreist mich. Ein Admiral. Ich bin sicher: Ein Gruß von ihr! Schön, dass du wieder Tennis spielst! Mach deine Sache gut! Du schaffst es! Ich spüre es: Sie wird mir helfen, ich kann es schaffen. – Und ich schaffe es wirklich.

Wachsen uns manchmal Kräfte von anderer Seite zu? Werden wir getragen? Ich fühle Dankbarkeit.

Wir stehen mit Freunden vor unserem Vordergarten und erörtern die Frage, ob die mächtige Schwarzkiefer, die inzwischen die Hälfte unseres Hauses bedeckt und viel Licht nimmt, zu fällen sei. Wie hätte Nina entschieden? Wir sind uns einig. Gewiss hätte sie ihr Veto eingelegt.

Der Gedanke ist kaum ausgesprochen, als ein munterer Admiral heranflattert und sich demonstrativ auf einen Zweig des Baumes setzt.

Ich bin sicher, sie interessiert sich noch für unser Leben, hat sich noch nicht für höhere Aufgaben zurückgezogen. Wie lange wird sie uns noch begleiten?

Der Winter dauert schon viel zu lange. Wann werden wir wieder aus der Luft ein Zeichen erhalten? Der Februar ist eben zu Ende gegangen, wir haben noch Frost. Ich weiß, es grenzt an Vermessenheit, aber ich fühle einen inneren Drang. Ich setze mich auf mein Rad, fahre zu »meiner Stelle« in der Feldmark, an der er mich in der warmen Jahreszeit mehrmals begrüßt hat. Lange bleibe ich stehen, hänge meinen Gedanken nach, weiß, dass ich nicht enttäuscht sein darf, will gerade wieder aufbrechen, weil es mir zu kalt wird.

In diesem Moment fliegt er unmittelbar neben mir auf, muss von mir unbemerkt eine ganze Weile neben meinem Fuß am Boden gesessen haben. Ich kann mein Glück kaum fassen.

Gibt es Wunder? Man spricht von Wundern, wenn Naturgesetze durchbrochen werden.

Für mich ist es ein Wunder.

Seit ihrem Tod sind bald vier Jahre vergangen. Viele Male ist uns der Admiral als Ninas Botschafter erschienen. Jede Botschaft habe ich festgehalten. Manchmal, wenn es mir schlecht geht, lese ich nach und fühle, dass es leichter um mich wird.

Der Schmetterling gilt als Symbol der Unsterblichkeit der Seele. Ein Schmetterling ziert ihren Grabstein.

Seit ihrem Weggang rühre ich das Klavier nicht mehr an. Es deprimiert mich nur. Ihr Flötenspiel habe ich noch in den Ohren. Es fehlt mir so sehr. Macht sie jetzt himmlische Musik? Wie sieht das Leben auf der anderen Seite aus? Ich lese fast süchtig Literatur über Jenseitsforschung und bin beeindruckt von den erbrachten Beweisen nachtodlichen Lebens anhand medialer Durchgaben. Kurze Zeit bewegt uns der Gedanke, über ein Medium Kontakt zu Nina aufzunehmen, um letzte

Gewissheit zu bekommen, dass sie es wirklich gut hat, wofür ich täglich bete. Ich löse mich schließlich davon, nicht etwa, weil ich den Versuch einer Kontaktaufnahme für verwerflich hielte, – ich glaube, der Spiritualismus ist Teil des göttlichen Plans, ist ein Baustein in der menschlichen Evolution, – sondern, weil wir inzwischen doch auf andere Weise tröstliche Botschaften erhalten haben.

Tröstliche Botschaften erreichen mich auch in meinen Träumen von Nina, in denen sie mir so sanftmütig, so liebevoll, so wohlmeinend, so souverän begegnet.

Unmittelbar bevor ich damit beginne, meine Trauergeschichte aufzuschreiben, erscheint sie mir im Traum, so, als wolle sie mich für mein Vorhaben ermutigen. Ich lasse meine Bedenken fallen. Wird sie mir helfen, die Feder zu führen?

Ich möchte zuallererst für mich selbst schreiben, denn ich glaube, dass es mir in meiner Trauerbewältigung helfen kann. Wenn ich auch andere Menschen mit meinen Zeilen erreichen will, muss ich authentisch sein. Die Grenze zur Intimität möchte ich jedoch nicht überschreiten. Trauer muss keine Verschlusssache sein, sie darf aber auch nicht zu einem seelischen Entkleidungsakt werden. Wie viel Öffentlichkeit verträgt sie? Wie viel darf ich preisgeben? Ich weiß, ich lasse mich auf eine Gratwanderung ein.

Ich erinnere mich, dass es in meiner Jugend eine Zeit gab, in der mich die Fragen nach der Unsterblichkeit der Seele, einem Leben nach dem Tod und dem Sinn irdischen Daseins sehr beschäftigten. In der Aufbau- und Konsolidierungsphase meines Lebens hatten sie in meinem Fragehorizont kaum Bedeutung, waren verschüttet. Mit dem frühen Tod meiner Schwester und dem so abrupten Tod meines Kindes rücken sie wieder in das Zentrum meiner Erkenntnissuche, werden existenziell für mich.

Als ich nur wenige Tage nach ihrem Tod zum ersten Mal Berichte über Nah–Tod–Erfahrungen lese, bin ich sehr berührt. Die Literatur der Nah-Tod-Forschung wird mir neben meinen eigenen spirituellen Erlebnissen zur wichtigsten Quelle von Trost und Hoffnung.

Sie bestärkt mich in meinem Glauben an einen unendlich liebenden Schöpfergott, gibt mir konkrete Hoffnung auf ein Wiedersehen mit meinem Kind, nimmt mir die Angst vor dem Tod und lässt mich auch vieles in meinem Leben neu gewichten. Ich bin von ihrer transformierenden Wirkung überrascht.

Der Gedanke daran, auf wie brutale Weise meine Tochter aus dem Leben gerissen wurde, quält mich unendlich. Durch die positive Beschreibung des Hinübergehens in den Nah-Tod-Erfahrungen kann ich mich langsam von ihm frei machen.

Lange Zeit quält mich auf meinem Trauerweg auch der Reinkarnationsgedanke. Die Vorstellung, wonach der Mensch wiederholte Erdenleben zu führen habe, bevor er als hoch entwickelte Seele für immer in der feinstofflichen Welt verbleiben darf, schließt in letzter Konsequenz die Möglichkeit oder gar Wahrscheinlichkeit ein, meine Tochter auf der anderen Seite nicht mehr anzutreffen, da sie sich bereits neu inkarniert hat.

Getrieben von dieser Angst sauge ich in der Literatur über die Reinkarnationstheorie Argumente auf, die diese schlüssig zu widerlegen scheinen und nehme letztlich zum Selbstschutz und aus reinem Wunschdenken heraus die dogmatische Position der Kirche zu dieser Frage ein.

Inzwischen ist meine Angst einer festen Zuversicht, einem Urvertrauen darauf, dass Gott mich nicht enttäuschen wird und ich mein geliebtes Kind wiedersehen werde, gewichen.

Mit diesem Urvertrauen wächst in mir die Überzeugung, dass das Wiedersehen der Seelen, die durch die Liebe mit uns verbunden sind, einer göttlichen Gesetzmäßigkeit entspricht. Ich brauche jetzt nicht mehr die Zuflucht in eine Doktrin, kann meine dogmatische Festlegung aufgeben und mich vorurteilsfrei mit der Reinkarnationsforschung befassen. Reinkarnation als Erfahrungstatsache anzusehen, ist nun kein Tabu mehr für mich, wenngleich ich weiterhin finde, dass sie *nicht die schönste Frucht am Baum der Mystik* (ist) (G. Schmid).

Ich weiß, ich lebe mit Konstrukten, muss mit Konstrukten leben. Gehört es zu meiner inneren Entwicklung, immer wieder bereit zu sein, solche Konstrukte zu dynamisieren?

Als ich kurze Zeit nach Ninas Tod die Geschichte von der alten Seele lese, die sich unbedingt ein letztes Mal noch inkarnieren will, wohlwissend, dass sie nur kurze Zeit auf der Erde verweilen wird, um dann die Eltern, denen sie als reife Seele so viel Freude bereitet, traurig zurückzulassen, bin ich zwar angerührt, kann sie aber für mich nicht annehmen, da ich den Gedanken der Wiedergeburt nicht zulassen kann.

Heute hat die Geschichte eine tröstende Wirkung auf mich. War Nina eine alte Seele?

Nach ihrem Tod finden wir ihre Aufzeichnungen und stoßen auf diesen Text, der mir fast wie eine Antwort auf meine Frage erscheinen will:

Wie ein Fluss

Das Leben ist wie ein Fluss, der seine Quelle fand,
um einen für ihn bestimmten Lauf zu nehmen,
um irgendwann, auf irgendeine Weise
das Meer zu erreichen.

Der über den leichten Lauf,
über sandigen Grund glücklich ist
und über jeden beschwerlichen Boden hinwegläuft.
Der immer weiterfließt
und sich auch von den steilsten Abhängen,
größten Felsen und höchsten Bäumen
nicht aufhalten lässt – es sei denn:
Er ist an seinem Ziel und mündet in das unendliche Reich
des Meeres – des Todes? – der Freiheit?

Von einer Bekannten werden wir mitgenommen zu den Charismatikern. Das Eisenbahnunglück in Eschede mit vielen Toten und Verletzten ist zu beklagen. Wie konnte Gott das zulassen? Der Prediger weiß die Antwort: Die Deutschen haben schon viel zu lange gottesfern und in maßloser Selbstüberschätzung gelebt. Ein Dämpfer ist längst fällig gewesen.

Welches Gottesbild wird hier gezeichnet? Ist es der pädagogische Gott, der die körperliche Züchtigung als probates Mittel der Erziehung einsetzt?

Wie sollen Eltern dabei empfinden, die gerade ihr Kind verloren haben? Sind wir schuldig geworden? Hat es zu wenig Gottesnähe in unserem Leben gegeben? Haben wir seine Warnsignale ignoriert? Hätten wir Nina nach dem Todestraum doch zurückhalten müssen?

Nein, Gott ist nicht der Kleingeist, zu dem man ihn hier machen will. Sicher, auch ich komme nicht ohne Gottesbild aus. Ich brauche einen personalen Gott, einen Gott, zu dem ich *sprechen* kann. Aber ich werde aufpassen, dass ich ihn nicht zu meiner Projektionsfläche mache.

Der Geschichte des Hiob entnehme ich, dass ich Gottes Motive nicht erforschen kann und besser daran tue, sie in der Verborgenheit zu belassen. Dennoch wird mich die alte Frage, wie Übel und Leid in die Welt kommen, weiterhin nicht loslassen. Die Vorstellung, dass hinter allem noch so destruktiven Geschehen Gesetzmäßigkeiten stehen, die wir nicht erkennen, die aber immer eine konstruktive Zielsetzung im Sinne seelischen Wachstums beinhalten, gibt mir einen verlässlichen Orientierungsrahmen. Er hilft mir, vorerst von der Frage zu lassen, warum Gott uns unser Kind genommen hat, erspart es mir, ihn auf die Anklagebank zu setzen, mit ihm zu streiten oder mich ganz von ihm zurückzuziehen.

Ich glaube an seine grenzenlose Liebe. Und ich glaube, dass es in seiner Absicht liegt, dass innerer geistiger Reichtum nur auf unbequeme Art zu erwerben ist, dass uns zur Erreichung unserer Vollkommenheit nichts geschenkt wir. Dennoch frage ich mich immer wieder, ob der Verlust meines Kindes nicht doch ein viel zu hoher Preis ist.

Ich vertraue fest darauf, dass Er mir dann, wenn ich die Seiten gewechselt haben werde, eine Erklärung für mein ertragenes Leid nicht schuldig bleiben wird.

Dann werdet ihr die Wahrheit erkennen, und die Wahrheit wird euch befreien. (Johannes 8,32). Wie immer der Evangelist Johannes seine Aussage gemeint haben mag, ich nehme sie als göttliches Versprechen, dass alles gut wird. Aber wann wird das sein? Wie lange muss ich hier noch aushalten?

Wird meine verletzte Seele zwangsläufig auch Auswirkungen auf meinen Körper haben?

Als Nina gegangen ist, hat sie meine körperlichen Schmerzen mitgenommen. Kann ich es als Hinweis nehmen, dass ich von Sorgen um meinen Körper befreit sein werde? Ich übersehe nicht, dass meine physische Verfassung wider Erwarten erstaunlich gut ist. Noch weiß ich nicht, ob es lediglich ein Reflex auf meine Einstellungsänderung ist. Vor ihrem Tod habe ich meinem Körper viel Aufmerksamkeit gewidmet, vielleicht eine Orientierung des Jugendwahns. Jetzt nehme ich diesem gegenüber eine gelassene, fast gleichgültige Haltung ein. Ich hänge nicht mehr am Leben, habe keine Furcht vor dem Ende. Ist die Furcht der Feind des Lebens? Hat also die Angstfreiheit einen stabilisierenden Effekt? Als ich auf meiner Haut ein verdächtiges Muttermal, dessen Entfernung der Arzt angeraten hat, plötzlich nicht mehr wiederfinde, glaube ich fest daran, von unsichtbarer Seite geschützt zu werden.

Ich frage mich: Habe ich viel zu oft meinen Körper mit meinem wahren Ich verwechselt? Hat meine Seele vielleicht nur ein Sklavendasein geführt? Hat Ninas Tod das Verhältnis zurechtgerückt? Die Seele ist der Herr, der Körper nur ihr Diener! Habe ich aber nicht doch auch die Verpflichtung, dafür zu sorgen, dass meine Seele in einem gesunden Haus wohnt, es also erhalten wird? Gewiss, wenn auch nicht mehr mit der übertriebenen, ängstlichen Achtsamkeit. Werde ich hierfür genügend Kraft aufbringen, werde ich neuen Lebensmut schöpfen?

Wird unser Trauerweg ein Stück weit auch eine spirituelle Entdeckungsreise sein?

Unser Geist, unser wahres Selbst, noch eingesperrt in einem engen Käfig, umgeben von dicken Mauern: Werden wir zu ihm zurückfinden? Beginnt die Mauer zu bröckeln? Es gibt Zeichen.

Das morgendliche Erwachen im Bewusstsein, dass sie nicht mehr da ist, niemals mehr da sein wird, ist immer wieder eine Qual, macht es so schwer, den Tag zu begrüßen. Das Vogelgezwitscher, welches aus dem Garten wie eine Vertonung des vollen Lebens an mein Ohr dringt, kann mich nicht aufmuntern. Es zieht mich eher herunter, stimmt mich noch trauriger. Jesus hat uns das Leben in Fülle versprochen. Gilt dies auch noch für mich?

Nach einer längeren Phase des Lesens stürze ich mich in die körperliche Arbeit, renoviere unser Haus. Ich stehe frei von Ängsten stundenlang auf der Leiter, streiche Dachrinnen, Fenster und Türen, gönne mir kaum eine Pause und finde doch ein wenig innere Ruhe, da meine Gedanken nicht unablässig zu Nina gehen, wenn ich mich auf die Arbeit konzentriere. Ist Arbeit für den Trauernden nur ein wirksames Betäubungsmittel? Ist sie eine Fluchtbewegung? Oder kann sie auch ein Stück Erholung von der aufzehrenden »Trauerarbeit« sein?

Hinterher bin ich über mich selbst erstaunt, finde keine Erklärung für meinen Kraftakt. Werde ich getragen? Habe ich unsichtbare Helfer?

Ich setze mich immer öfter auf mein Fahrrad, um in die Feldmark zu fahren und die Wege nachzuempfinden, auf denen Nina so oft ausgeritten ist. Es tut mir gut, Reiterinnen zu begegnen, die mich freundlich grüßen. Manchmal sehe ich von weitem einen Reiterhelm auftauchen, aus dem langes blondes Haar herabfällt. Und unversehens trete ich dann noch kräftiger in die Pedale, als gelte es, ihn einzuholen. Gibt es auch im Jenseits Pferde? Ich hänge meinen Gedanken nach, mache mir Vorstellungen über die jenseitigen Verhältnisse. Oft habe ich die Vision, auf einem Seil himmelwärts zu fahren. In der Ferne sehe ich zwei in weiße Gewänder gehüllte Gestalten, mir warmherzig zuwinkend, um mich gleich liebevoll in Empfang zu nehmen. Werden sie da sein, wenn ich wirklich komme?

Werde ich in meinem Traueralltag auch meinem verbliebenen Kind gerecht?

Ich darf in meiner Bedrücktheit seine vitalen Bedürfnisse und Interessen nicht übersehen, muss ihm weiterhin Hilfe sein auf der Suche nach eigener Identität. Dies schließt auch Grenzsetzungen ein, die mir jetzt so schwer fallen, da ich die Auseinandersetzung scheue. Mein Streben nach Harmonie ist seit Ninas Fortgang noch größer geworden.

Die Angst, auch das verbliebene Kind noch hergeben zu müssen, birgt die Gefahr seiner Überbehütung. Ich bin nicht frei von dieser Angst. Aber meine Überzeugung, dass für jeden von uns ein göttlicher Plan existiert, den wir nicht außer Kraft setzen können, macht es mir möglich, meinen Sohn nicht unnötig einzuengen. Ich habe einen geheimen Wunsch: Dass er uns eines Tages wird sagen können: »Nicht die Trauer, sondern ich war der Mittelpunkt eures Lebens.«

Wie schwer fällt es mir, an meinem Arbeitsplatz wieder zu funktionieren. Mein Arbeitsplatz: Eine Schulklasse mit jungen Menschen in Ninas Alter. Der Anblick von hübschen, gepflegten, lebenszugewandten jungen Mädchen ist jetzt für mich ein Martyrium. Muss ich mir das antun? Ich werde es müssen. Es ist mein Beruf. Ist es auch meine Bestimmung? Oft gelingt es mir nur schwer, in der Schule meine Tränen zu unterdrücken. Wenn ich allein bin, lasse ich sie fließen. Ich bin dünnhäutiger geworden, habe deutlich an Konfliktfähigkeit eingebüßt. Aber ich kann Konflikten nicht ausweichen, sie gehören zum Leben. Gerade im Umgang mit jungen Menschen, die sich selbst suchen und feste Orientierung brauchen, komme ich häufiger an die Grenze der Selbstverleugnung, spiele ich jemand, der ich nicht bin oder nicht mehr bin oder nicht mehr sein möchte.

Ich fühle mich so amputiert ohne meine Tochter. Habe ich einen Großteil meines Ich-Wert-Gefühls aus ihrer Existenz bezogen? Durfte ich stolz auf sie sein? Ist Stolz verwerflich? Eure Kinder sind nicht euer Eigentum!

Man sagt, die Familie, die harmonische, intakte Familie sei das beste Heilmittel. Meine Familie ist mir immer eine Kraftquelle gewesen. Sind wir immer noch eine Familie oder doch nur noch ein an jeder Ecke angeschlagenes Dreieck? Wie sehr schmerzt der Anblick von kompletten Familien!

Über die Selbsthilfeeinrichtung »Verwaiste Eltern in Hamburg« haben wir einige Kontakte zu Familien geknüpft, die so wie wir durch den Verlust eines Kindes »amputiert« sind. Die Kontakte tun uns gut. Die Angst, seine Trauer unverstanden von anderen vor sich herzutragen, gibt es hier nicht. Es ist ein Klima des gegenseitigen Verstehens und tiefen Mitfühlens.

Es gibt kein geteiltes Leid. Aber das Bewusstsein, nicht allein dazustehen, trägt.

Zwei amerikanische Missionare der »Kirche Jesu Christi der Heiligen der Letzten Tage« stehen zum dritten Mal vor unserer Tür. Ein viertes Mal will ich sie nicht wegschicken. Ich empfinde Respekt für ihre gewiss nicht leichte Aufgabe. Wir vereinbaren einen festen Termin.

Ein Gedanke in ihrem Glaubensgebäude spricht mich besonders an: Ewiges Leben bei Gott im Kreise meiner Familie. Nichts wünsche ich mir mehr: Familienzusammenführung im Jenseits, wieder vereint sein mit meiner Tochter. Ich bin neugierig. Als wir zu dritt am Tisch sitzen, habe ich viele Fragen. In ihren Antworten offenbart sich ein Ausschließlichkeitsdenken, das mir Unbehagen bereitet, so wie der Alleinvertretungsanspruch der Katholischen Kirche. Das für die Mormonen so wichtige Ritual der Toten-Taufe kann ich kaum nachvollziehen.

Dann beschreibe ich ihnen mein Gottesbild und mein neu gewonnenes Jesusbild. Ich spreche von der Möglichkeit, dass Jesus erst nach zahlreichen Inkarnationen zu der Lichtgestalt wurde, die im Neuen Testament gezeichnet wird. Dass er also wie wir einen langen seelischen Reinigungsprozess durchlief, bevor er wahrhaft Mensch wurde, dass er wie wir alle Tiefen des irdischen Lebens erfuhr, bevor ihn Gott als Erlöser schickte. Ich erkläre ihnen meine neue Sicht des Bösen, des Destruktiven. Dass es heraus muss, um dem Guten zum Durchbruch zu verhelfen. Dass diese Sichtweise nahe legt, den Satan als konstruktiven Mitarbeiter Gottes zu verstehen. Dass ich meine Vorstellung von einem institutionalisierten Machtkampf zwischen beiden aufgegeben habe. Ich spreche von meiner Überzeugung, dass Gott kein Buchhalter ist, sondern dass er jedem von uns, mag er noch so viel Schuld auf sich geladen haben, die Chance zum Umdenken, die Chance zur Umkehr gibt.

Ich sage ihnen, dass für mich die Hölle, mit der die Kirche 2000 Jahre lang den Menschen Angst bereitet hat, nicht existiert. Dass Gott nach meiner Überzeugung humanere Formen des Läuterungsprozesses für uns vorgesehen hat, etwa so, wie sie Menschen mit einer Nah-Tod-Erfahrung bei ihrer ersten Begegnung mit der Lichtgestalt beschreiben.

Ich spreche von meinem Glauben an eine Fortentwicklung der Seele in einer anderen Realität und von einer großen Wahrscheinlichkeit häufiger Wiederkehr auf die Erde, bis wir in einem ständigen inneren Kampf widerstreitender Kräfte das oberste Lernziel, die bedingungslose Liebe erreicht haben.

Ich erläutere ihnen meine Überzeugung, dass wir aufgrund unserer Entscheidungsfreiheit zu einem Teil Herr über unser Schicksal sind, dass es aber für jeden von uns einen göttlichen Plan gibt, den wir nicht durchkreuzen können. Und ich sage ihnen an dieser Stelle, dass meine Tochter Nina bereits am Kreuzweg ihres Schicksals angekommen ist.

Ich erkläre ihnen auch meine Ansicht, dass keine religiöse Auffassung sich einer anderen überlegen fühlen darf. Dass Gott viele Wege für uns bereithält, auf ihn zuzugehen, und viele Möglichkeiten, mit ihm in Gemeinschaft zu leben. Dass in der Evolution des Menschen einer pluralistischen Theologie die Zukunft gehört.

Als ich ende, wird mir bewusst, dass ich vor den beiden Missionaren mein in bald vier Jahren der Trauer gewachsenes Glaubensbekenntnis ausgebreitet habe. Ich spüre, dass sie mich für ihre Kirche verloren gegeben haben. Trotzdem habe ich bei unserer Verabschiedung das Gefühl gegenseitiger Achtung.

Nach fast vier Jahren der Trauer um meine geliebte Tochter ist der Schmerz nicht gewichen, doch ich habe gelernt mit ihm zu leben. Und ich empfinde Dankbarkeit: Ich bin dankbar, dass meine Frau und ich nach dem Tod unseres Kindes den Trauerweg zusammen, wenn auch unterschiedlich gegangen sind, dass unsere Ehe niemals in Gefahr war, an der Trauer zu zerbrechen. Ich bin dankbar, dass unser verbliebenes Kind trotz Geschwisterverlust sich normal entwickelt und voller Lebenskraft ist. Ich bin dankbar, dass trotz eingekehrter »Normalität« unser Leben eine spirituelle Dimension bekommen hat. Ich bin dankbar für die innere Gewissheit, bis heute getragen worden zu sein. Ich bin dankbar für die vielen Zeichen, die wir erhalten haben und die uns wissen lassen: Wir werden uns wiedersehen!

Ich erinnere mich: Wenige Tage nach Ninas Tod sitzen wir abends mit unserem Sohn Felix zusammen. Er leidet nicht nur unter dem Verlust seiner Schwester, er leidet auch beim Anblick seiner trauernden Eltern. Auf ein Blatt Papier schreibt er einen Satz und reicht ihn uns wortlos: *Das Loch der Trauer ist groß, aber das Leben ist größer.*

Noch lange nicht habe ich mich aus diesem Loch befreien können.

Aber ich habe seinen Rand gesehen.

Gert Richter; geb. 1947 in Flensburg; Lehrer; lebt mit seiner Frau und seinem Sohn in der Nähe von Hamburg; seit dem Tod seiner Tochter 1997 hat er sich mit Fragen der Theologie und des Spiritualismus sowie den Erkenntnissen der modernen Sterbe- und Reinkarnationsforschung auseinander gesetzt.

Trauer
eines Vaters

Es sind die ungeweinten Tränen,
die krank machen

Jan Salzmann

Der Tod eines Kindes stellt für viele Eltern den wohl schlimmsten Verlust dar, den sie sich vorstellen können. Die Trauer ist heftig und dauert meist deutlich länger als die Betroffenen, deren Familie und Freunde zunächst annehmen. Manche Eltern entwickeln seelische oder körperliche Erkrankungen, andere finden einen neuen Welt- und Selbstbezug und erleben die Zeit der Trauer als heilsamen Prozess. Im Folgenden soll dargestellt werden, wann Trauer eine heilende und wann sie eine krankmachende Funktion haben kann und welche Faktoren die Trauerreaktionen beeinflussen. Zunächst möchte ich aber meine eigene Geschichte erzählen, die mich eher unfreiwilligerweise zu der Thematik der Trauerbewältigung brachte.

Es sind nun sieben Jahre her, dass meine Frau Christiane und ich erfuhren, dass wir mit einem Schlag vom Paar zu einer Großfamilie werden sollten. Christiane erwartete Drillinge. Zunächst war diese Nachricht ein richtiger Schock. Wie sollte das alles klappen? Welche Gefahren lauerten auf uns? Würde das gut gehen können? Doch der Schreck wich schon bald einer großen Vorfreude auf unsere drei. Jede erste Schwangerschaft ist sicher etwas Besonderes, doch drei Babys in einem Bauch, das ist schon eine andere Kategorie. Ich war sehr stolz und freute mich auf ein turbulentes Leben. Über Freunde und Verwandte kamen wir auch schnell an jede Menge Babysachen, auch einen Drillingswagen hatten wir in Aussicht. Einziger Anlass für Befürchtungen, ob wir das alles so leicht schaffen würden, gaben mir die besorgten Gesichter gerade von den Freunden, die kleine Kinder hatten.

Heute, nachdem ich mittlerweile zwei kleine Mädchen durch die Säuglingszeit begleitet habe, weiß ich warum. Medizinische Komplikationen gab es schon zu Beginn der Schwangerschaft. Die ersten Wochen waren geprägt von starker Übelkeit und Schwangeschaftserbrechen. Dann kam es zu Blutungen, so dass Christiane im Aachener Klinikum stationär aufgenommen werden musste. Zum Glück waren die Kinder noch gesund und die Blutungen hörten auf.

Einige Wochen später verkürzte sich der Gebärmutterhals und es musste eine Cerclage durchgeführt werden. Man sagte uns, dass eine solche Gebärmutterhalsverkürzung bei Mehrlingsschwangerschaften häufig vorkommt, deshalb machte ich mir diesbezüglich keine großen Sorgen. In der 23. Schwangerschaftswoche wurde dann eine große Ultraschalluntersuchung in der Uniklinik durchgeführt. Drei Kinder in einem Bauch zu schallen, das war selbst für die Ärzte ein Ereignis. Die Kinder waren zeitgerecht entwickelt, es war nun auch das jeweilige Geschlecht zu erkennen. Wir gaben den Kindern dann schon ihre Namen. Das Mädchen sollte Lina heißen, die Jungen Jonas und Tim. Schon durch die Ultraschalluntersuchungen zeigten sich unterschiedliche Temperamente der Kinder. Jonas war immer ein quirliger Kerl, der gerne herumturnte, Lina nuckelte oft an ihrem Daumen und Tim trat Christiane jeden Morgen beim Frühstück in den Bauch. Wir mutmaßten, dass er später mal sehr gerne essen würde.

Am darauf folgenden Wochenende hatte ich einen Vortrag auf einem Kongress in Gießen zu halten. Da es noch 16 Wochen bis zum erwarteten Geburtstermin waren, hatten wir das Gefühl, dass es noch eine sichere Zeit zum Verreisen war. Als ich am Samstagabend dann wieder nach Hause kam, fand ich die Wohnung leer, alles Licht brannte und im Wohnzimmer lag ein Zettel von Christiane »Ich bin im Klinikum, habe all zwei Minuten Wehen«. Ich fuhr wie ein Rennfahrer zum Klinikum, habe mich auf dem Weg sogar noch verfahren, obwohl ich jahrelang tagein tagaus dorthin fuhr.

Auf den gynäkologischen Fluren fand ich Christiane dann nicht. Eine Schwester meinte »Versuchen sie es doch mal im

Kreissaal«. Und ich sagte noch »Das kann doch gar nicht sein, sie ist doch erst in der 24. Woche.« Im Kreissaal begrüßte mich die Hebamme mit den Worten »Sie werden schon dringend erwartet«. Christiane lag wie ein Häufchen Elend in einem Bett und teilte mir mit, dass der Muttermund schon ganz offen stünde. Sie hatte in der letzten Nacht stärkste Wehen bekommen und war nun schon seit 18 Stunden im Kreissaal. Die Fruchtblase des ersten Kindes hatte sich schon in die Scheide vorgewölbt, die Geburt war im Gange und ließ sich nicht mehr aufhalten, doch im Moment waren die Wehen verschwunden.

Die Kinderärzte hatten Christiane schon über die schlechten Chancen der Kinder aufgeklärt. Doch wir hofften trotzdem auf ein Wunder. In seltenen Fällen kann eine Mehrlingsgeburt nach der Geburt eines Kindes aufhören und die Schwangerschaft mit den anderen Kindern weitergeführt werden. Wir hofften daher, wenigstens nicht alle Kinder zu verlieren. Dann passierte eine ganze Zeit nicht mehr viel. Die Wehen kamen nicht wieder, aber die Fruchtblase ging auch nicht zurück. So verbrachten wir Stunde um Stunde, wartend auf die Geburt und den Tod unserer Kinder. Und doch hofften wir so sehr auf ein Wunder.

Heute kann ich mich nur noch bruchstückhaft erinnern, was wir genau machten. Insgesamt dauerte dieser Zustand über siebzig Stunden, mehr als drei Tage. Gerade als Christiane dann vom Kreissaal auf die Station zurückverlegt werden sollte, ging die Geburt weiter und Lina wurde als Erste geboren. Ich bekam sie nach der Erstversorgung durch den Kinderarzt auf den Arm. Sie erhielt über einen Schlauch Sauerstoff und atmete friedlich. Sie war klein, aber perfekt. Wunderschöne feine Lippen, ein schön geschwungener Mund. Wir hatten mit den Ärzten besprochen, dass wir keine Intensivmedizin um jeden Preis wollten. Als Mediziner kannte ich die Fälle, in denen Menschen (alt oder jung) trotz hoffnungsloser Situation unnötig am Leben gehalten und gequält werden, nur weil medizinisches Personal und die Angehörigen die bittere Wahrheit nicht annehmen wollen. Ich bin dann wieder zu Christiane reingegangen, die Geburt von Jonas bahnte sich an. Jonas war der größte und schwerste von den Dreien und schrie direkt nach der Geburt. Ich lief dann immer zwischen den Kindern und dem Kreissaalraum hin und her. Als Jonas geboren war, teilte mir ein Gynäkologe mit, dass Lina auf der Kinderstation gestorben ist. Nach der Geburt von Jonas wurden die Wehen schwächer; wir bekamen eine kleine Verschnaufpause und begannen, wieder auf ein Wunder zu hoffen. Einige Monate vor uns hatte eine Zwillingsschwangere ein Kind tot geboren und das zweite Kind bis zum Schluss ausgetragen. Diesen Fall hatten auch die Frauenärzte noch im Hinterkopf. Christiane hatte jedoch so starke Blutungen, so dass mit Rücksicht auf ihr Leben die Wehen hemmenden Mittel abgesetzt wurden. In dieser Zeit starb Jonas.

Am späten Nachmittag wurde dann Tim geboren, der still und friedlich auf meinem Arm starb. Trotz der Schrecklichkeit der Situation erlebte ich die Geburt der Kinder als sehr friedvoll und irgendwie abgetrennt vom Sterben. Dies lag mit Sicherheit auch an der sehr einfühlsamen und ruhigen Art der Frauenärzte und -ärztinnen, die wir teilweise schon lange vorher privat kannten. Später habe ich diese Beobachtung von vielen früh verwaisten Eltern gehört. Geburt und Tod, selbst wenn sie so nah aneinander liegen, werden doch getrennt voneinander erlebt. Nachdem unsere Kinder gestorben waren und bei Christiane noch eine Ausschabung durchgeführt wurde, kamen wir auf die gynäkologische Station. Wir waren geschockt, entkräftet und konnten es noch kaum begreifen. Als Christiane dann meinte, ihr Bauch sei so leer, da hatte ich das Gefühl, mein Herz bricht in tausend Stücke.

Wir haben später nur eine sehr kleine Beerdigung durchgeführt. Für eine große Trauerfeier hatten wir nicht die Kraft. Auch einen Pfarrer wollten wir nicht dabeihaben. Was sollte er schon sagen? Es gab keinen Trost, und ich wollte keinen Trost. Alles war zerbrochen. Ich hätte nie geglaubt, dass mir so etwas passieren könnte. In den Jahren zuvor war ich ein Glückspilz, ein Optimist durch und durch. Ich hatte einen lebendigen Glauben an

Gott und irgendwie das tiefe Vertrauen, dass er mich leitet und schützt. So wie man es halt oft in der christlichen Religion vermittelt bekommt. Ich fühlte mich von Gott verraten.

Am Tag nach der Beerdigung fuhren wir ans Meer. Nichts wie weg. Aber der Trauer kann man nicht entfliehen. An der See wimmelte es nur so von Familien mit kleinen Kindern und Schwangeren, die ihren Bauch spazieren trugen. So brachen wir den Urlaub nach drei Tagen ab. Es war zu traurig.

Ich war jedoch erleichtert, dass mich die entsetzliche Zeit der Angst um das Gelingen der Schwangerschaft nicht mehr quälte. Ich dachte, nun könnte es nicht mehr schlimmer kommen.

Zwei Wochen später fand ich dann, als ich vom Einkaufen nach Hause kam, Christiane ohnmächtig auf dem Boden liegend vor. Der Kopf lag in einer Blutlache, sie selbst war nicht mehr ansprechbar. Im Klinikum wurde die Diagnose einer Gehirnvenenthrombose gestellt, einhergehend mit Krampfanfällen und einer Halbseitenlähmung als Folge einer zusätzlichen Hirnblutung. Sie wurde für einige Tage in ein künstliches Koma gelegt. Erst nach drei Tagen konnte man absehen, dass sie das Ganze überleben würde. Ich saß die meiste Zeit fassungslos an ihrem Bett, neben mir das monotone Schnaufen der Beatmungsmaschine und versuchte zu begreifen, was alles passiert war. Zum Glück überlebte sie und wurde wieder gesund. Die Genesung dauerte insgesamt über 18 Monate.

In dieser Zeit besuchten wir eine Trauergruppe betroffener Eltern, was uns sehr bei der Verarbeitung half. Auch der Besuch der Trauerseminare der Verwaisten Eltern in Bad Segeberg haben mich in meinem Trauerprozess entschieden weitergebracht. Wie viele Paare haben auch wir unterschiedlich getrauert. Während Christiane mit ihren Gefühlen sehr nach außen ging und unentwegt über den Verlust der Kinder und über ihre Erkrankung sprechen wollte, trauerte ich mehr nach innen, wie es für Männer oft typisch ist. Ich hatte nicht nur meine Kinder verloren, sondern auch meinen Glauben und damit meine Heimat und Basis meines Lebens. So weiter glauben wie bisher konnte ich nicht mehr.

138

Ich habe sehr viele Artikel und Bücher zur Frage der Theodizee gelesen. Darunter versteht man die Problematik, das Leid auf der Welt und die Güte und Allmacht von Gott zu vereinbaren. Ich hatte ein befreiungstheologisch beeinflusstes Gottesbild, das das menschlich hervorgerufene Leid, wie z.B. Auschwitz, über die Freiheit des Menschen erklärte und damit aufrief, sich aktiv für eine bessere Welt einzusetzen, das »Reich Gottes« auf Erden zu schaffen. Menschliches Leid, das etwa durch Naturkatastrophen hervorgerufen wird, hatte ich wohl verdrängt, weil ich dafür keine Erklärung hatte. Ich hatte das traditionell transportierte Bild eines treu sorgenden guten Gottes übernommen. *Sehet die Vöglein auf dem Felde. Sie sähen nicht und ernten nicht und unser Himmlischer Vater ernährt sie doch,* so steht es in der Bibel. Erst nach dem Verlust fiel mir wieder der Einwand einer alten Freundin ein, die einmal zu mir sagte: »Und was ist mit den Vögeln die erfrieren, die kein Futter finden?«

Ich war nun allem gegenüber kritisch, wollte nicht noch einmal so auf die Nase fallen, weil ich vorher die Augen zugemacht hatte. Am meisten geholfen hat mir hier der Text eines Krankenhausseelsorgers, der in einer Kinderklinik gearbeitet hat. *»Ich bin bescheidener geworden. Der Gott, an den ich glaubte, hat im Kinderkrankenhaus Federn gelassen: die Allmachtsfeder, die Wunderfeder, die Es-wird-alles-gut-Feder. (...) Ich habe nicht erlebt, dass Gott meine Wunder tat, und auch nicht, dass er meine Ohnmacht mit Macht aufwog. Eltern forderten mich auf, mit ihnen gemeinsam für ihr Kind zu beten. Wenig später starb es. (...) »Meine Gedanken sind nicht eure Gedanken und eure Wege sind nicht meine Wege spricht der Herr««. Das sind Sätze aus dem Buch des Propheten Jesaja. Ich schenke ihnen Glauben, wenn sie auch bitter schmecken, denn sie passen zu dem, was ich erfahre (...) Manchmal sehe ich ein neugeborenes Baby, das sterben muss. Entkräftet liegen seine Arme zu beiden Seiten, und ich denke: wie Jesus am Kreuz. Die Augen leer. Kein Lebenswille, den ich sehen könnte. Gottverlassen – so sieht es aus. Ich glaube, so etwas hat Jesus von Nazareth auch erlebt.«*

Obwohl der Schmerz um meine Kinder hart war und mir jegliche Kraft abforderte, war ich in meiner Trauer nicht unzufrieden. Ich war untröstlich, und das war gut so. Die Trauer war die Verbindung zwischen mir und meinen Kindern. Dieses Gefühl fand ich in einem Artikel in der Zeitschrift *Publik Forum* gut ausgedrückt: *»Kein Trost, nein. Ich will das Bild meines Toten aushalten. Ich will mich erinnern. Ich will ja meinen Schmerz. So lerne ich zu trauern. So lerne ich auch, meinen eigenen Tod vorzubereiten.(...) Gegen Erinnern ist der Tod machtlos. Deshalb soll Trauer sein. Deshalb darf kein Trost sein«.*

Nach dem Tod seines Sohnes schreibt *Sigmund Freud* 1929 an seinen Freund Binswanger:

Man weiß, dass die akute Trauer nach einem solchen Verlust ablaufen wird, aber man wird ungetröstet bleiben, nie Ersatz finden. Alles, was an die Stelle rückt, und wenn es sie auch ganz ausfüllen sollte, bleibt doch etwas anderes.

Einen Sinn für den Tod meiner Kinder konnte ich nicht finden. Höchstens dem Tod einen Sinn geben, indem ich mich für trauernde Eltern engagiere. So versuchte ich durch die Begleitung trauernder Eltern und Öffentlichkeitsarbeit, (z. B. Fortbildungen für KlinikmitarbeiterInnen, Presse- und Fernsehbeiträge) Spuren von meinen Kindern in dieser Welt zu hinterlassen. Letztlich glaube ich, dass der Tod meiner Kinder so auch viele positive Dinge angestoßen hat, auch wenn ich mir deswegen nicht noch einmal so ein Erlebnis wünschen würde.

Im Laufe der folgenden Jahre bekamen wir noch zwei weitere Kinder, Sarah-Marie ist vier, Johanna ein Jahr alt. Seit es sie gibt, bin ich wieder fähig Freude zu empfinden und weiß wirklich zu schätzen, was ich habe. Meine Trauergefühle heute finde ich gut ausgedrückt durch Gottfried Benn in seinem Gedicht »Ich trage dich wie eine Wunde«.

> *Ich trage dich wie eine Wunde*
> *auf meiner Stirn, die sich nicht schließt.*
> *Sie schmerzt nicht immer und es fließt*
> *das Herz sich nicht daraus tot.*
> *Nur manchmal plötzlich bin ich blind und spüre*
> *Blut in meinem Munde*

Ich will das Bild
meines Toten aushalten

Jan Salzmann

Trauer ist ein schmerzhafter, komplexer Prozess der Auseinandersetzung mit dem Verlust, der der allmählichen Ablösung
vom Verlorenen dient. Trauer ist nichts Statisches, sondern ein
Prozess. Wenn sie ohne Hindernisse fließen kann, gelangt sie
nach außen. Bleibt sie in uns, kann sie zerstörerisch wirken.

Der Trauerprozess wird im Allgemeinen in drei bis vier Phasen aufgeteilt, wobei die Einteilung nach Verena Kast die
stärkste Verbreitung gefunden hat.

Die *erste Phase* ist die des »Nicht-wahr-haben-Wollens«, des
Schocks. Sie dauert einige Stunden bis Tage. Der Hinterbliebe-
ne fühlt sich fassungslos, erstarrt oder betäubt. Inaktivität und
Lähmung können durch heftige Emotionen wie panische Angst
oder Wut unterbrochen sein. Wichtig ist das Gefühl für den
Trauernden, dass er so starr, so empfindungslos sein darf, wie
er ist, und dass es ihm niemand vorwirft, wenn er jetzt keine
Tränen hat.

Es folgt die *zweite Phase* der »aufbrechenden Emotionen«.
Ausbrüche von Wut und Zorn wechseln sich mit Phasen tiefer
Niedergeschlagenheit ab. Einige suchen in ihrem Zorn Schuldi-
ge für den Tod, z. B. Ärzte oder Verwandte. Oft treten auch
eigene Schuldgefühle auf. Diese negativen Gefühle können
zwischenzeitlich von einem tiefem Gefühl der Freude abgelöst
werden, dass die Beziehung überhaupt existierte. In dieser
Phase ist es wesentlich, dass man das Erlebnis des Trauernden
einfach nur teilt, das heißt zuhört und wirklich anwesend ist.

Die *dritte Phase* dient dem »Suchen und Sich-Trennen«. Die
Aufmerksamkeit der Trauernden richtet sich auf Orte, die der

Verstorbene geliebt hat. Das Suchen kann sehr real sein, so halten manche z. B. beim Einkaufen nach dem Verstorbenen Ausschau. Diese Phase dient der intensiven Beschäftigung mit dem Verstorbenen in Gedanken, Träumen und Tagträumen. Das Zurückschauen und Erinnern dient dazu, den Verlust gefühlsmäßig anzunehmen und sich vom Verstorbenen zu lösen. Diese Phase kann Wochen bis Jahre dauern.

In der *vierten Phase* wird ein »neuer Selbst- und Weltbezug« gesucht. Der neue Selbst- und Weltbezug zeichnet sich durch die Akzeptanz des Verlustes aus. Hinterbliebene beginnen Interessen wiederzugewinnen und neue Bindungen einzugehen. Erinnerungen ohne intensiven Schmerz werden möglich.

Diese Trauerphasen laufen jedoch nicht linear hintereinander ab. Vielmehr kann man im Trauerprozess mehrfach die Phasen wechseln.

Groß angelegte medizinische Untersuchungen belegen vielfältige Schädigungen der Gesundheit infolge von Trennung, Tod und Isolation. Der Verlust einer nahe stehenden Person kann funktionelle Störungen des Magen-Darm-Traktes, des Herz-Kreislauf-Systems und des Nervensystems, sowie chronische Schmerzsyndrome, Angststörungen und Depressionen hervorrufen.

Bei Witwern findet man im erstem Jahr nach dem Verlust eine um 50% erhöhte Sterblichkeit. Die entsprechenden Studien zeigen jedoch auch, dass es nicht die natürliche Trauerreaktion ist, die das Eintreten der Erkrankungen begünstigt, sondern ein gestörter Trauerverlauf. So konnte beispielsweise nachgewiesen werden, dass zahlreichen Autoimmunerkrankungen Phasen »Pathologischer Trauer« vorausgehen.

Von so genannter »Pathologischer Trauer« spricht man bei Blockaden des natürlichen Trauerprozesses. Ich habe mit diesem Begriff einige Probleme, denn es beinhaltet immer eine gewisse Subjektivität festzulegen, was pathologisch, also krankhaft oder gesund ist. Zudem denke ich, dass anormale

Reaktionen auf anormale Ereignisse normal sind. Dennoch ist es wichtig, die Trauerprozesse herauszufiltern, die in eine Krankheit führen, da man hier therapeutisch einiges zum Guten wenden kann. Als pathologische Trauer definiert der Trauerforscher *Bron* eine ausgeprägte behandlungsbedürftige depressive Symptomatik oder eine mehrjährige depressive Entwicklung, die Chronifizierung körperlicher Beschwerden und phobischer (ängstlicher) Symptome bzw. eine angstneurotische Entwicklung, die Auslösung bzw. den allmählichen Übergang in eine endogene Depression, eine auffallend geringe bis fehlende Trauer oder eine verzögerte Trauerreaktion, Suchtmittelmissbrauch und Selbstmordgefährdung nach Verlust einer nahe stehenden Person. Suizidhandlungen können auftreten, wenn es zu einer Häufung von Verlusten kommt, bei fehlender oder kränkender Reaktion der Umgebung, vor allem bei Männern, bei Übergang der Trauer in eine endogene Depression, bei einer ausgeprägten Abhängigkeit von der gestorbenen Person, bei Ambivalenz- oder Schuldgefühlen, bei Suchtmittelmissbrauch und dem Vermeiden bewusster Trauer oder Unfähigkeit zu trauern.

In einer großen Studie untersuchte *Beutel* die Auswirkungen des frühen Verlustes eines Kindes auf die Eltern. Dabei fand er einige Unterscheidungsmerkmale zwischen der normalen Trauerreaktion und einer depressiven Reaktion.

1. Bei der Trauer gibt es vorwiegend gute, kostbare Erinnerungen an den Verstorbenen. Sie rufen Sehnsucht und Traurigkeit hervor, die in Wellen läuft. Anhaltende depressive Verstimmungen sind geprägt von innerer Leere, Ärger oder Feindseligkeit und von schlechten oder enttäuschten Erinnerungen.

2. Der Gefühlsreaktion, die der Betroffene bei seinem Gegenüber hervorruft, der so genannten Gegenübertragung, kommt eine Schlüsselrolle bei der Unterscheidung von Trauer und Depression zu. Während der Trauernde Mitgefühl

und Traurigkeit auslöst, ruft der Depressive Distanziertheit, Ungeduld und Gereiztheit hervor.

3. Der Trauernde beschäftigt sich intensiv mit der verstorbenen Person, während sich der Depressive selbstbezogen zeigt und sich in erster Linie mit seinem eigenen Leid beschäftigt und in Selbstmitleid verharrt.

4. Für den Trauernden ist die Welt leer, der Depressive fühlt sich selbst leer und wertlos. Freud schrieb 1917: »Bei der Trauer ist die Welt arm und leer geworden, bei der Melancholie ist es das Ich selbst.«

5. Während der Trauernde dazu neigt, sich Vorwürfe in Bezug auf besondere Versäumnisse zu machen, neigt der Depressive zu quälenden, anhaltenden Selbstanklagen.

6. Durch die intensive Auseinandersetzung mit dem Verstorbenen sind im Rahmen der Trauerarbeit die verfügbaren Energien vermindert und die Interessen und sozialen Bezüge eingeschränkt. Eine anhaltende Beeinträchtigung gewohnter Interessen, Aktivitäten und Leistungsfähigkeit und eine ausgeprägte Antriebshemmung deuten auf depressive Zustände hin.

7. Bei Trauer besteht meist eine Hoffnung auf Erholung bzw. Überwindung des Zustandes. Bei Depressiven herrschen Hoffnungslosigkeit, Ohnmacht, Mutlosigkeit und Resignation vor.

8. Trauernde sehen ihren Zustand als »normal« an und akzeptieren vorübergehende Einbußen an Interessen oder verminderten Schlaf als natürliche Folge der Auseinandersetzung mit ihrem Verlust. Depressive fühlen sich häufig krank, leidend und »anders als sonst«.

Der Ausgang der Trauerreaktion hängt nicht nur entscheidend von der Tiefe und Art der Bindung an die verlorene Person ab. Auch die Umstände des Todes spielen eine Rolle. Sowohl ein langes Siechtum, ein Tod zur »Unzeit« (zum Beispiel der eines Kindes), als auch ein plötzlicher Tod wirken sich belastend auf die Trauerarbeit aus. Trauer kann auch blockiert werden, wenn der Betroffene durch äußere Umstände gezwungen ist für sein eigenes Überleben zu sorgen, beispielsweise im Krieg oder bei Naturkatastrophen.

Soziale Begleitumstände, die eine komplizierte Trauerreaktion begünstigen, sind eine fehlende vertrauensvolle Beziehung zum Partner, niedrige soziale Schicht, drei oder mehr Kinder unter 14 Jahren, frühe Scheidung oder Verwitwung und geringe Unterstützung aus dem sozialen Umfeld.

Pathologische Trauerreaktionen treten gehäuft auf, wenn sich in der Kindheit eine Veranlagung zu angstvoll-klammernden und ambivalent-konflikthaften Beziehungen gebildet hat.

Gefährdet sind auch Menschen, die sich zwanghaft fürsorglich gegenüber anderen Menschen verhalten. Die Sorge um andere verhindert die volle Entfaltung der Trauer. Sie kümmern sich um andere Trauernde, um nicht selber trauern zu müssen. Die Aktivitäten versuchen die aufgerissene Lücke zu schließen, so dass es nicht zu einer vollen Anerkennung und zu innerem Verarbeiten des Verlustes kommt.

Auch Menschen mit einem geringen Selbstwertgefühl und ungelösten Verlusten in der Kindheit und Jugend haben wie Menschen mit psychischen Vorerkrankungen ein höheres Risiko, psychische oder körperliche Erkrankungen zu entwickeln.

Wenn bewusste Trauer vermieden wird, weil schon in der Kindheit unangenehme Gefühle wie Traurigkeit, Wut und Verzweiflung missbilligt wurden, besteht die Gefahr einer depressiven Entwicklung und einer schweren Krise zu einem späteren Zeitpunkt. Auslösend wirken im Allgemeinen der Jahrestag des Todes oder der Geburtstag oder andere oft geringfügig erscheinende Verlusterlebnisse.

Psychopharmaka sollten nur sehr zurückhaltend eingenommen werden. Vielfach ist eine Verzögerung und Verstärkung der Trauerverläufe durch den Konsum von Beruhigungsmitteln beschrieben worden.

Neben den ungünstigen Faktoren bezüglich des Trauerprozesses gibt es eine Reihe von hilfreichen Einflüssen, die zu einer gesunden und heilsamen Trauerreaktion beitragen.

Eine angemessene Überwindung von Verlusterlebnissen ist nur möglich, wenn die mit der Trauer verbundenen Gefühle zugelassen werden. Der Trauernde muss Verständnis finden für alle Gefühle, auch die, die der Umwelt unangenehm sind. Er sollte die Möglichkeit haben, so viel über den Verstorbenen zu sprechen, wie er meint, dass es notwendig ist.

Jeder trauert anders. Die Akzeptanz des anderen, gerade unter Ehepartnern, die um ein gemeinsames Kind trauern, ist Voraussetzung für einen gesunden Trauerprozess und das weitere Gelingen der Paarbeziehung.

Sowohl bei dem Tod des Ehepartners, als auch nach dem Tod eines Kindes haben sich Selbsthilfegruppen als ausgesprochen hilfreich erwiesen.

Ein verständnisvoller und einfühlsamer Umgang von KlinikmitarbeiterInnen, sowie Notärzten, Polizeibeamten oder Bestattern helfen zusätzliche Verletzungen zu vermeiden und ermöglichen, von dem Verstorbenen in Ruhe Abschied zu nehmen.

Hilfe und Unterstützung aus dem Freundes- und Verwandtenkreis in Bezug auf praktische Angelegenheiten oder durch Gesprächsbereitschaft haben einen günstigen Einfluss auf die Trauerreaktion.

Trauerrituale, die heute von der Gesellschaft kaum noch angeboten werden, helfen bei der Bewältigung von Verlusterlebnissen.

Nicht zuletzt ist es für Trauernde wichtig, sich Zeit für sich zu nehmen, auf die eigenen Bedürfnisse zu hören, es sich mal richtig gut gehen zu lassen, zum Beispiel durch Sport, Massagen, Sauna, Malen, Töpfern, Bildhauern oder Meditieren.

Eine Vielzahl seelischer und körperlicher Erkrankungen könnte durch eine rechtzeitige Psychotherapie abgewendet werden. Häufig ist hier eine Kurzzeitgesprächstherapie ausreichend. In der Psychotherapie können Blockaden in pathologischen Trauerreaktionen aufgespürt und aufgelöst werden, so dass der Trauerprozess und sein Abschluss ermöglicht werden.

Unterscheidung Trauerreaktion – Depression

Trauer	Depressive Reaktion
Gute, kostbare Erinnerungen	Enttäuschende Erinnerungen
Person weckt Mitgefühl und Traurigkeit	Person weckt Distanziertheit, Ungeduld, Gereiztheit
Intensive Beschäftigung mit dem Verstorbenen	Selbstbezogen, Beschäftigung mit dem eigenen Leid, Selbstmitleid
Welt erscheint leer	Das Selbst wird wertlos und leer erlebt
Selbstvorwürfe bezogen auf spezifische Versäumnisse	Selbstanklagen bzgl. Verfehlungen gegenüber Verstorbenen
Vorübergehend verminderte Aktivität	Vermindertes Interesse an geschätzten Aktivitäten und Freunden, Hemmung
Zuversichtliche Zukunftsperspektive, Fähigkeit, Trost zu suchen	Hilflosigkeit, Hoffnungslosigkeit

Trauer wird als normaler Zustand erlebt	Betroffener fühlt sich anders als sonst, krank

Risiken für psychische oder körperliche Erkrankungen

- Tod tritt unerwartet, unzeitig (z.B. Kind), ungewöhnlich (z.B. Mord) oder nach langem Siechtum ein
- Schwierige äußere Umstände, z.B. Kriegssituation
- Die Beziehung zum Verstorbenen war ängstlich-klammernd oder ambivalent-konflikthaft
- Geringe soziale Unterstützung
- Ungelöste Verluste in Kindheit und Jugend
- Eingeschränkte Fähigkeit Gefühle (v.a. negative) zu zeigen
- Geringes Selbstwertgefühl
- Frühere psychische Erkrankungen
- Zwanghaft fürsorgliches Verhalten

Jan Salzmann; geb. 1967, Arzt für Innere Medizin im Klinikum Aachen. Der Tod seiner Drillinge Tim, Lina und Jonas und die damit verbundene Trauererfahrung waren Anlass, Fortbildungen zu diesem Themenkreis für Krankenhausmitarbeiter anzubieten und durchzuführen. Das Betreuungskonzept »Tender Loving Care«, TLC (Betreuung von Müttern und Vätern mit Folgeschwangerschaften nach dem Tod eines Babys) stellte er im Jahresheft Verwaiste Eltern »Tod am Anfang des Lebens« vor. Jan Salzmann ist verheiratet und Vater der beiden nachgeborenen Töchter Sarah-Marie und Johanna. In seiner knappen Freizeit engagiert er sich im entwicklungspolitischen Bereich.

Nachwort

Anja Wiese

Die Arbeit an diesem Buch ist beendet.

Ich stehe an unserem Terrassenfenster und schaue in den Garten. Die Erinnerung an einen Sommertag vor vielen, vielen Jahren lässt ein lebendiges Bild in mir aufsteigen:

Mein kleiner Sohn – todkrank, wenn auch nicht sichtbar für die Außenwelt – steht auf dem Dach meines ausgedienten bunten Autos, das zum Spielen im Garten seinen »Lebensende-Parkplatz« hat. Malte spielt – wie so oft – »Winnetou«. Aus dem kleinen, sommersprossigen, blonden Jungen ist ein großer, starker, dunkelhäutiger Indianer geworden. Mit der langen »Silberbüchse«, die fast so groß ist wie er, und mit riesigem Federschmuck, der ihm bis in die Kniekehlen reicht, steht Malte – wild bemalt und breitbeinig – auf dem Autodach wie Winnetou auf einer Bergkette; eine Hand über die Augen gelegt – in die Ferne blickend. Und er blickte wirklich in die Ferne, er sah weiter und tiefer als wir ... Er sah seinen Tod voraus und sprach darüber, malte davon. Malte konnte ganz in dieser anderen Welt sein und angstfrei über seine Vorstellungen sprechen. Ich hoffte damals, dass er gesund werden möge, dass ich ihn wieder und wieder als Winnetou auf meinem Autodach würde spielen sehen. Ich hoffe heute, dass seine Lebendigkeit in mir bleibt, dass wir beide von derselben Lebensfreudequelle gespeist werden – ich im Leben hier und jetzt, er in seinem Leben nach diesem Leben.

Ich glaubte damals, dass mein Lachen durch seinen Tod für immer verstummen würde. Heute glaube ich, dass sein Lachen, das so besonders war, und mein Lachen irgendwann, irgendwo gemeinsam neu erklingen werden.

Ich bin unendlich dankbar für die Erinnerung an dieses Kind, das seine Wirklichkeiten wechseln konnte wie ein Wanderer zwischen den Welten. Von Malte lernte ich, dass es mehr als nur eine Wirklichkeit gibt. Und so hoffe ich mit den Eltern von Ariane,

Nina, Sebastian, Tim, Jonas und Lina, ich hoffe mit Katharina Köster und den vielen ungezählten trauernden Müttern, Vätern und Geschwistern, dass auch sie von ihren verstorbenen Kindern und Geschwistern etwas über unterschiedliche Wirklichkeiten erfahren konnten. Und dass in ihren Träumen diese verschiedenen Wirklichkeiten vielleicht hin und wieder in Verbindung miteinander sind. Denn wie sagen die Indianer (und damit auch Winnetou):

Im Traum verlässt die Seele den Körper und wandert in andere Welten.

Ich danke *Katharina Köster, Jan Salzmann, Renate Salchow, Gabriele* und *Gert Richter,* die mit ihren persönlichen Beiträgen Innenansichten trauernder Mütter, Väter und Geschwister möglich machen und die der in unserer Gesellschaft sonst anonymen Trauer ein Profil geben, eine persönliche Ausprägung und damit hervortreten aus einem Tabu-Bereich.

Dank auch an meine Lektorin *Christel Gehrmann,* die seit 1998 auf dieses Buch wartet. Ihr Interesse an dem Thema »Trauer« ist ungewöhnlich, ihre Ausdauer bemerkenswert und ihre Ermutigung ansteckend. Von ihrer fachlichen Kompetenz ganz zu schweigen ...

Und Dank an *Maren Schneider,* die freundschaftlich und kollegial die Textverarbeitung fast synchron zu meinem Schreiben bewältigte.

Ganz besonders aber danke ich *meinem Mann,* der alles Störende von mir ferngehalten hat, der den Tagen des Schreibens Liebe und Wärme gab und der mir Champagner und Kamillentee im Wechsel servierte, je nachdem ...

Und – meine drei entzückenden Enkeltöchter *Finja-Kristin, Swantje* und *Chaya-Sophie:* sie können wieder häufiger als in der letzten Zeit Haus, Garten und vor allem mein Herz mit Fröhlichkeit und Leben füllen!

Literatur

Trauerwege

Furth, Gregg M., Heilen durch Malen. Die geheimnisvolle Welt der Bilder, Walter-Verlag, Düsseldorf 1992

Häußer, Simone, Eines Tages... Gedichte und Texte, Eigenverlag 1996

Jacobi, Jolande, Vom Bilderreich der Seele. Wege und Umwege zu sich selbst, Walter-Verlag, Düsseldorf 1992

Klessmann, Edda / Eibach, Hannelore, Wo die Seele wohnt, Hans Huber Verlag, Bern 1993

Kollwitz, Käthe, Ich will wirken in dieser Zeit, Gebr. Mann Verlag, Berlin 1981

Krockauer, Rainer, Sterne in der Nacht. Botschaften von Kindern an der Grenze des Lebens, Kösel-Verlag, München 1999

Kübler-Ross, Elisabeth, Jedes Ende ist ein strahlender Beginn, Die Silberschnur Verlag, Güllesheim 1997

Medizinische Hochschule Hannover, SOS – Lebenssignale krebskranker Kinder, Eigenverlag 1999

Riedel, Ingrid, Maltherapie, Kreuz-Verlag, Stuttgart 1992

dies., Bilder in Therapie, Kunst und Religion, Buchreihe Symbole, Kreuz-Verlag, Stuttgart 1988

Schmeer, Gisela, Heilende Bäume. Baumbilder in der psychotherapeutischen Praxis, Eigenverlag

Geschwistertrauer

Baßler, Margit / Schins, Marie-Thérèse (Hg.), Warum gerade mein Bruder? Trauer um Geschwister. Erfahrungen, Berichte, Hilfen, Rowohlt Verlag, Reinbek 1992, nicht mehr im Buchhandel erhältlich, zu beziehen über Verwaiste Eltern Hamburg e.V., Tel.: 040 – 355056-43 und 44

Harder, Gabriela Maria, Sterben und Tod eines Geschwisters, pro juventute verlag, Zürich 1991

Holzschuh, Wolfgang (Hg), Geschwistertrauer. Erfahrungen und Hilfen aus verschiedenen Praxisfeldern, Friedrich Pustet KG, Regensburg 2000

Quadflieg, Roswitha, Der Tod meines Bruders. Die subjektive Wahrnehmung einer Familie, Arche Verlag, Hamburg 1995

Schins, Marie-Thérèse, Und wenn ich falle? Vom Mut traurig zu sein, Deutscher Taschenbuchverlag, München 2001

Wölfing, Marie-Luise, Barbara. Ein Mädchen bewältigt den Tod seines Bruders, Knaur Verlag, München 1990

Diplomarbeiten

Delor, Inra, Pädagogisch-psychologische Aspekte der Trauerarbeit. Geschwistertrauer, Universität Kiel 1999

Förster, Christa, Kinder begegnen dem Tod. Verwaiste Geschwister in einer trauernden Familie, Kath. Fachhochschule, Münster 1992

Goditsch, Karin, Reaktionen auf Geschwistertod in der Adoleszenz und Auswirkungen auf die persönliche Entwicklung, Karl-Franzens Universität, Graz 2000

Ludwig, Iris, Chancen und Möglichkeiten der Trauerarbeit von Geschwisterkindern, Hochschule Bremen 2000

Prang, Charlotte, Der Geschwistertod. Die Erfassung der subjektiven Sichtweisen hinterbliebener Geschwister nach dem Verlust eines Geschwisters im Kindes- und Jugendalter, Universität-Gesamthochschule Paderborn o. J.

Riebel, Angela, Geschwisterverlust in der Kindheit und Jugend unter Berücksichtigung der sozialen und familiären Muster der Anpassung, Gesamthochschule Kassel / Göttingen 1996

Schneider, Sebastian, Die Auswirkungen des Todes eines Kindes auf das Familiensystem – verwaiste Eltern und Geschwister, Kath. Fachhochschule Münster o. J.

Schröder, Stefanie, Zur Trauer von hinterbliebenen Geschwisterkindern. Eine empirische Untersuchung, Universität Hamburg 1997

Sedelmaier, Ulrike, Geschwisterverlust im Kindes- und Jugendalter. Eine qualitative Studie zur Trauerreaktion und den Bewältigungsstrategien hinterbliebener Geschwister, Universität Hamburg 1999

Hilfreiche Rituale

Bellinger, Andrea / Krieger, David J. (Hg.), Handbuch Ritualtheorien, Westdeutscher Verlag, Wiesbaden 1999

Caduff, Corinna / Pfaff-Czarnedza (Hg.), Rituale heute, Dietrich Reimer Verlag, Berlin 1999

Canacakis, Jorgos, Ich sehe deine Tränen. Trauern, Klagen, Leben können. Kreuz-Verlag, Stuttgart 1987

Douglas, Mary, Ritual, Tabu und Körpersymbolik, Fischer Taschenbuch Verlag, Frankfurt 1998

Gerwin, Holger / Ulbrich, Björn, Die geweihten Nächte. Rituale der stillen Zeit, Arun-Verlag, Engerda 1999

Grün, Anselm, Geborgenheit finden – Rituale feiern. Wege zu mehr Lebensfreude, Kreuz-Verlag, Stuttgart 2001

Hetmann, Frederik, Jenseitsreisen. Rituale und Mythen amerikanischer Schamanen, Heiler und Zauberer, Verlag Herder Spektrum, Freiburg 1999

Kiss, Kathrin, Brücken und Flügel. Rituale zu den Wendepunkten des Lebens, Walter-Verlag, Düsseldorf 1999

Leibholz–Bonhoeffer, Sabine, Weihnachten im Hause Bonhoeffer, Gütersloher Verlagshaus, Gütersloh 2000

Nijs, Michaela, Trauern hat seine Zeit. Abschiedsrituale beim frühen Tod eines Kindes, Verlag für Angewandte Psychologie, Göttingen, 1999

Rilke, Rainer Maria, Buch der Bilder, Insel Verlag, Frankfurt am Main 1991

Ross, M.E. / Ross, C. L., Mothers, Infants and the Psychoanalytic Study of Ritual. Sigus 1983

Von trauernden Vätern

Behlau, Alfred, Der Vogel und die Krake. Eine subjektive Geschichte über die Krankheit Krebs, Abekra-Verlag, Altenstadt 2000

Herrmann, Uwe (Hg.), Kinder sterben anders. Eine Hilfe für Betroffene, Gütersloher Verlagshaus, Gütersloh 1999

Janssen, Martin, Lasst mich weinen. Ein Vater trauert um seine Tochter, Vandenhoeck & Ruprecht Verlag, Göttingen 1998

Kushner, Harold, Wenn guten Menschen Böses widerfährt. Gütersloher Verlagshaus, Gütersloh 1999

Livingston, Gordon, Nur der Frühling. Eine Familie bewältigt den Tod ihres Kindes, Hoffmann & Campe Verlag, Hamburg 1997

Schneck, Ernst, Verkauft mir das Leiden nicht als Gottes Willen. Ein Vater verliert seinen Sohn, Echter Verlag, Würzburg 1998

Wolterstorff, Nicholas, Klage um einen Sohn, Vandenhoeck & Ruprecht Verlag, Göttingen 1988

Diplomarbeiten

Rolfsmeier, Axel, Wenn Väter trauern – Trauerarbeit biographischer Konkretion, Evang. Fachhochschule Rheinland-Westfalen-Lippe, Bochum 1992

Sandner, Martina, Verwaiste Mütter – verwaiste Väter und die Illusion vom geteilten Leid, Universität Gesamthochschule Kassel, 1997

Wagner, Wolfgang, Grundfragen der Trauer um ein Kind – Orientierung für eine sozialpädagogische Begleitung trauernder Väter, Fachhochschule Hamburg, 1998

Wiesner, Doris, Verwaiste Eltern – Veränderung der Paarbeziehung nach dem Tod eines Kindes, Universität Hamburg, 1999

Trauer als Lebensprozess

Behnke R. (1995) Wo ist Gott, wenn ein Kind stirbt? In Gute Hoffnung – jähes Ende, Vereinigte Evangelische-Lutherische Kirche Deutschland 57–59

Beutel, Manfred, Der frühe Verlust eines Kindes, Verlag für angewandte Psychologie, Göttingen 1996

Bibel die (1964) Jubiläumsbibel, Würtembergerische Bibelanstalt, Stuttgart, Matthäus 6,26

Bowlby, John, Verlust. Trauer. Depression, Fischer Verlag, Frankfurt 1987

Brown G. W., Harris T. (1986) Establishing causal links: The Bedford College studies of depression. In H.Katschnig (Ed.) Life event and psychiatric disorders: Controversial issues (pp 107–187) Cambridge University Press, Cambridge

Canacakis, Jorgos, Ich sehe deine Tränen, Kreuz-Verlag, Stuttgart 1987

Clayton P. J., Darvish H.S. (1979) Courseof depressive symptoms following the stress of bereavement. In E. Barett: Stress and mental disorder (pp 121–136) Raven press, New York

Clayton P. J. (1990) Bereavement and Depression. Journal of Clinical Psychiatry 51, 34–40

Freud, Sigmund, Gesammelte Werke Bd.10, Trauer und Melancholie, Fischer Verlag, Frankfurt 1981

ders., Briefe 1873 – 1939, Fischer Verlag, Frankfurt 1980

House J. (1988) Social realtionships and health, Science 241, 540–545

Jakobson, Edith, Depression, Suhrkamp, Frankfurt 1983

Kast, Verena, Trauern, Kreuz-Verlag, Stuttgart 2000

Kaprio J. (1987) Mortality after bereavement: a prospective study of 95647 widowed persons. American Journal of Public Health 77, 283–287

Levav I (1988) An epidemiologic study of mortality among bereaved parents. The New England Journal Of Medicine 319, 457–461

Lothrop, Hannah, Gute Hoffnung – Jähes Ende, Kösel-Verlag, München 1999

Lund D. A. (1985/86) Identifying elderly with coping difficulties after two years of bereavement, Omega 15, 213–224

Nuss W.S. (1992) Correlates of persistent depressive symptoms in widows. American Journal of Psychiatry 149, 346–351

Paulley J. W. (1983) Pathological Mourning: a key factor in the psychopathogenesis of autoimmun disorders. Psychotherapy and Psychosomatics 40, 181–190

Stroebe M. S., Stroebe W. (1989/90) Who participates in bereavement research? A view and empirical study. Omega 20, 1–29

Zisook S., Shuchter S. R. (1991) Depression through the first year after the death of a spous. American Journal of Psychiatry 148, 1346–1352

Regionale Ansprechpartner

Verwaiste Eltern Dresden
Petra Hohn
Weinbergerstr. 51
04610 Meuselwitz
Tel.: 0 34 48 / 70 24 79

Beate Gnauk
Dohnaer Str. 19
01219 Dresden
Tel.: 03 51 / 2 88 19 83
E-Mail : bemadd6@hotmail.com

Verwaiste Eltern
Heike Bucher
Schulzendorfer Str. 51
13467 Berlin
Tel. und Fax: 030 / 40 50 15 00 (Di. u. Do. 18.00 – 20.00 Uhr)
E-Mail : kontakt@verwaiste-eltern-berlin.2in.de
http://verwaiste-eltern-berlin.2in.de

Verwaiste Eltern Hamburg e. V.
Esplanade 15
20354 Hamburg
Tel.: 040 / 35 50 56-44 und Fax: 040 / 35 71 87 67
E-Mail: info@verwaiste-eltern.de
http://www.verwaiste-eltern.de

Verwaiste Eltern Bremen e.V.
Hans-Werner und Margrit Bremer-Noffke
Brandenweg 1
28357 Bremen
Tel.: 0421 / 2 07 04 65
Fax: 0421 / 2 07 05 92
E-Mail: verwaiste.Eltern.bremen@t-online.de
http://www.verwaiste-eltern-bremen.de

Verwaiste Eltern Hannover und Umgebung e.V.
Kollenrodstr. 10
30163 Hannover
Tel.: 0511 / 8 48 65 11
Fax: 0721 / 1 51 49 46 41
E-Mail: info@veihu.de
http://www.veihu.de

Verwaiste Eltern Steinhagen e. V.
Gerrit Gerriets
Aprikosenstr. 4
33792 Steinhagen
Tel.: 0 52 04/79 10 und Fax: 0 52 04/60 66
E-Mail: zentrale@verwaiste-eltern.com
http://www.verwaiste-eltern.com

Kristiane Voll
Volberg 4
51503 Rösrath-Hoffnungsthal
Tel.: 0 22 05/91 16 97 und Fax: 0 22 05/8 37 86
E-Mail: Kristiane.Voll@web.de

Trauernde Eltern Mainz e. V.
Dieter Steuer
Postfach 26 11 24
55057 Mainz
Tel.: 0 61 31/83 48 69 und Fax: 83 39 26
E-Mail: steuer@trauernde-eltern-mainz.de
http://www.trauernde-eltern-mainz.de

Regionalstelle Baden-Württemberg
Ansprechpartner Thomas Bäumer
c/o Förderverein f. krebskr. Kinder Tübingen
Justinus Kerner Str. 5
72070 Tübingen
Tel.: 0 70 71/94 68-15/14
Fax: 0 70 71/94 68-13
E-Mail: thomas.baeumer@krebskranke-kinder-tuebingen.de
http://www.krebskranke-kinder-tuebingen.de

Verwaiste Eltern München e. V.
St.-Wolfgangs-Platz 9
81669 München
Tel.: 0 89/4 80 88 99-0 und Fax: 0 89/4 80 88 99-33
E-Mail : VerwaisteEltern@t-online.de
http://www.verwaiste-eltern-muenchen.de

Diözesanstelle Familie
Ursula Kundmüller
Jacobsplatz 9/IV
96049 Bamberg
Tel.: 09 51/50 26 26 und Fax: 50 25 84
E-Mail: arge-familie.ba@t-online.de

Verwaiste Eltern in Mecklenburg-Vorpommern e.V.
Helmut Sanne
Rathenauweg 3
19395 Quetzin
Tel. 03 87 35/41 3 11 oder 01 72/3 10 13 33
E-Mail: Sanne.plau@t-online.de

Institut für Trauerarbeit (ITA)
Evangelische Akademie Hamburg
Esplanade 15
20354 Hamburg
Tel.: 0 40/35 50 56 33 und Fax: 0 40/35 50 56 16
E-Mail: TBoehning@Akademie-Nordelbien.de
http://www.akademie-nordelbien.de

Quellenverzeichnis

Seite 50: Hanns Dieter Hüsch, Dialog mit der Jugend, aus: ders.: Das Schwere leicht gesagt, Seite 144 f, 1997/4. © tvd-Verlag Düsseldorf, 1991.

Seite 64: Marie-Luise Wölfing, Der Segen der Trauernden, aus: dies.: Barbara. Ein Mädchen bewältigt den Tod seines Bruders. © 1990 Droemer Knaur Verlag, München.

Seite 66: Renate Salzbrenner, An Maria. Abdruck mit freundlicher Genehmigung der Autorin.

Seite 94: Lothar Zenetti, Winterpsalm, aus: ders.: Auf Seiner Spur. Topos plus 327. © Matthias-Grünewald-Verlag, Mainz, 2. Auflage 2001, Seite 9.

Seite 98: Sabine Naegeli, Die Entfremdung überwinden, aus: dies.: Du hast mein Dunkel geteilt. © Verlag Herder, Freiburg 21. Auflage 2002.

Seite 100: Ursula Goldmann-Posch, Mann und Frau – das sind zwei Welten. Abdruck mit freundlicher Genehmigung der Autorin.

Seite 102: Sabine Naegeli, Das Schweigen brechen, aus: dies.: Du hast mein Dunkel geteilt. © Verlag Herder, Freiburg 21. Auflage 2002.